極限の思想

ニーチェ
道徳批判の哲学

Friedrich Nietzsche

城戸 淳
Kido Atsushi

講談社選書メチエ

le livre

目次

責任編集＝大澤真幸・熊野純彦

凡例

一、以下のニーチェの著作（遺著を含む）の引用・参照は、略号を用いて、そこに巻数、断章番号、節数などを付記するかたちで、本文中に割り入れた。章などを示すさいに短くする場合がある（たとえば「なぜ私はかくも賢明なのか」→賢明）。その他の著作や書簡などはそのつど注において指示する。必要に応じて、次項のKSAの巻数・頁数を付した。

『悲劇』『悲劇の誕生』（*Die Geburt der Tragödie*, 1872）
『歴史』『生にとっての歴史の利害』（*Vom Nutzen und Nachtheil der Historie für das Leben*, 1874）
『人間』『人間的、あまりに人間的』（*Menschliches, Allzumenschliches*, 1878 / 79 / 80）
『曙光』『曙光』（*Morgenröthe*, 1881）
『愉学』『愉しい学問』（*Die fröhliche Wissenschaft*, 1882 / 87）
『ツァ』『ツァラトゥストラはこう言った』（*Also sprach Zarathustra*, 1883 / 84 / 85）
『彼岸』『善悪の彼岸』（*Jenseits von Gut und Böse*, 1886）
『系譜』『道徳の系譜学』（*Zur Genealogie der Moral*, 1887）
『偶像』『偶像の黄昏』（*Götzen-Dämmerung*, 1889）
『反キ』『アンチクリスト』（*Der Antichrist*, 1888）
『見よ』『この人を見よ』（*Ecce homo*, 1888 / 89）

二、ニーチェの遺稿からの引用は、つぎのコリ／モンティナリ編の『批判研究版ニーチェ全集』（KSA）による執筆年代と配列番号によって、注のなかで指示する。この配列番号は、原本である同編者の『批判版ニーチェ全集』を引き継ぐものであり、これによって白水社版『ニーチェ全集』への参照も可能である。

KSA　Friedrich Nietzsche, *Sämtliche Werke. Kritische Studienausgabe*, ed. G. Colli & M. Montinari, München: Deutscher Taschenbuch Verlag; Berlin/New York: Walter de Gruyter, ^{2}1988.

三、プラトン（ステファヌス版全集）、アリストテレス（ベッカー版全集）、カント（アカデミー版全集ないし原書）については、慣例にならって巻・頁数などを本文中に割り入れた。

四、ニーチェの邦訳については、（理想社版全集の普及版である）ちくま学芸文庫版『ニーチェ全集』（吉沢伝三郎編、筑摩書房、一九九三～九四年）、白水社版『ニーチェ全集』（第Ⅰ期・第Ⅱ期、一九七九～八七年）を参照した。その他、木場深定訳『道徳の系譜』（岩波文庫、一九四〇年）、中山元訳『道徳の系譜学』（光文社古典新訳文庫、二〇〇九年）、氷上英廣訳『ツァラトゥストラはこう言った』（上・下、岩波文庫、一九六七～七〇年）、森一郎訳『愉しい学問』（講談社学術文庫、二〇一七年）、村井則夫訳『偶像の黄昏』（河出文庫、二〇一九年）などを参照したところもある。先達の訳業にふかく感謝したい。

ただしニーチェからの引用は、すべて引用者（城戸）の責任で訳出したものである。その他の引用でも、文脈に応じて訳文に手を入れた場合がある。

五、〔　〕内は引用者による補足であり、〔……〕は中略を示す。ニーチェの隔字（ゲシュペルト）による強調については、前後を一行あけたブロック引用の場合は、傍点をふった。その他のより短い引用では、文脈を離れた強調は意味がないとの判断から、強調を再現していない（傍点は引用者による）。

六、本書内への参照指示は［ ］のなかに章・節を記す（たとえば本書第三章第2節への参照は［三・2］とする）。

はじめに

なぜニーチェは道徳を批判したのか

ニーチェは道徳を批判した。それも、道徳の改善や純化を求めるような、お行儀のよい批判ではない。世のたいていの道徳批判は、道徳のなかに紛れこんだ打算や偽善などの不純物を摘発して、本来の純粋な道徳へと改善を図ろうとするものである。たとえばカントの『実践理性批判』は、経験的制約から実践理性を純粋化することを試みるものであり（V 15 f.）、批判とはいっても道徳の護教論である。これに対してニーチェの道徳批判は、われわれの現在の道徳意識をまるごと「キリスト教道徳」として規定して、これに対する「いっさいの価値の価値転換」を訴え、来たるべき「高貴な道徳」を展望してみせる。『この人を見よ』でみずから語るように、「数千年にわたる欺瞞と対決して」、巨大な「良心の相克」の「危機」を担うというおのれの運命を、ニーチェは自覚していた（『見よ』運命 一）。

もちろん、なにもニーチェはあらゆる道徳をひとしく根絶しようというのではない。「批判（Kritik）」の語源となるギリシア語のkrinein（分ける）が示唆するとおり、道徳批判とは、道徳を甲と乙とに見分けて、その分割線上の「危機（Krisis）」において取捨選択の判断をくだすことである。捨てるべき道徳を非難し否定するという意味での「批判」は、それに先立つ分割と判断の結果である。だが、ニーチェの道徳批判を途方もなく過激なものにするのは、その分割線の引き方である。ニーチェの眼目は、「モラリスト」として、われわれの道徳性の内部に紛れこんだ偽物を切り分けることにあるのではない。むしろニーチェは、「最初のインモラリスト」として、われわれがまさに道徳的だと見なしている諸価値のすべてを軽蔑して、現状の倫理的常識からは外道のように見える道徳を推奨するのである（『見よ』運命 一〜四）。いまの善人どもはきっと「超人」のことを「悪魔」と呼ぶだろう、とツァラトゥストラは嘲笑してみせる（『ツァ』二・処世）。

それでは、ニーチェが（キリスト教道徳としての）道徳を批判したのは、なぜか。ひとことで答えるなら、それは道徳が生を損なうからである。ニーチェの「道徳的価値の批判」は、これまで道徳が伝統的に推奨してきた同情や正義といった諸価値が、われわれの生にとってどのような価値を有するのかを問うものである（『系譜』序 六）。それは人間的な生にいっそうの健康と繁栄をもたらすものか、それとも衰弱と頽廃をもたらすものか。これまでの道徳的な価値の総体を、そのように「生の価値」への貢献にそくして、道徳外の立場から再評価するのが、ニーチェの道徳批判の課題である。

呪わしい生に意味を与えて保存する

それにしても、だれもが知るとおり道徳とは、諸個人の気ままな行動を制約することで、共同体の繁栄と構成員の安寧を守るものであろう。そのような道徳がわれわれの生の価値を毀損するというのは、いったいどのようなことだろうか。詳しくは本論に委ねるとして、ここではひとまず一つのありがちな誤解を斥《しりぞ》けておきたい。

たしかに道徳は、われわれがみずからの生の価値を実現しようと試みるさまざまな方法に、一定の制約をかける規範であり、たいてい窮屈なものにはちがいない。ややもするとニーチェは、そんな窮屈な拘束具など脱ぎ捨ててしまって、いわば荒野の野獣のように自由に生きよと煽動しているように見える。ニーチェの過剰なレトリックのなかには、そういう野蛮な一面があることは否みがたい。だがニーチェが道徳を批判するのは、道徳が野獣的な生を拘束して損害を与えるからではない。むしろニーチェは、衰弱した生を保存するという道徳の恩恵のほうを問題視しているのである。ニーチェとはすこし違う角度から、ひとまず（いわば自画像のカリカチュアのつもりで）素描しておこう。

社会のなかに生きる共同体的な動物としてのわれわれの精神には、すでに道徳性が深く浸潤している。われわれは、どれほど窮屈で煩わしくとも、いちど道徳規範の一式をかなぐり捨てて生きてみようかと考えることさえできない。あたかも競走馬が遮眼帯《ブリンカー》をつけて走るように、われわれはみずから生き方の選択肢の一部を見えなくして、道徳的に許容されるレールの内側を走りながら、どこからか幸福が与えられるのを必死に口をあけて待っているわけである。

かつてはこのような臆病な生き方にも、慰めと希望を与えてくれる思想があった。たとえば、さきほどのカントの『実践理性批判』は、「霊魂の不死性」と、その来世で因果応報の裁きを下す「神の存在」を要請することで、道徳と幸福との調和としての「最高善」の理念を掲げる[2]（V

122 ff.）。見やすいことだが、このような神頼みの徳福一致は、古ぼけたキリスト教の神学に、新手の哲学風の衣装を着せたものにすぎない。時代はすぐにカント的な弥縫策《びほうさく》を追い越してゆく。じっさい、「ニヒリズム」の概念史が教えるところでは、このような神頼みの道徳的世界秩序への信頼が地に落ちるとともに、ニーチェのはるか以前に、十九世紀のニヒリズムが動き始めていたのである。

しかし、たとえ神頼みの勧善懲悪にどれほど猜疑心を抱いたとしても、やはりわれわれは道徳の自縄自縛から逃れることはできない。この八方塞がりからの最後の逃げ道は、道徳そのものである。すなわち、道徳規範と幸福への願いとの狭間で板挟みになった人はいつしか、道徳的に生きることそれ自体が、生の価値を作りだすはずだという倒錯した考えに辿りつく。せめて道徳に違反せずに生きているという自己充足的な慰めだけが、鬱屈と猜疑に苦しむ人に、その生を正当化するわずかばかりの理由を与える。はじめは生の価値を追求する方法を制約する条件であった道徳が、ここでは生の価値の唯一の確実な源泉であると見なされる。社会の檻のなかで飼いならされて倦む人間にとって、道徳は最後に縋《すが》りつくことのできる人生の意味であり、ひとはその卑小な理由に依存して生きざるをえない。こうして道徳は、鬱屈した生を正当に意味づけうる最後の拠り所として、人間の生をいわば道徳的なサイズに矮小化して保存する。

ニーチェの最後の思索から、ひとつ引証しておこう。ニーチェは遺作となった『この人を見よ』の巻末を、つぎのような謎めいた問いと答えで締めくくっている。「私のことをわかってもらえたか？――十字架にかけられた者　対　ディオニュソス……」[3]（『見よ』運命　九）。しのびよる狂気と破滅を予感していたニーチェの、最後の総括的な自己規定の試みと見るべき対比である。遺稿[4]から覗《うかが》われるとおり、ここでの「十字架にかけられた者」とは、「生への呪い」を抱きつつ、キリスト教道徳の教える「苦悩の意味」に依存して自己保存する病的な人間の象徴である。苦悩にみちた呪わしい此岸の生は、ここではたんに、彼岸で報われるはずの浄福への道であるという意味をもつにすぎない。これに対抗する「ディオニュソス」とは、破滅的な苦悩のさなかで自己を救済し、「生の全体を宗教的に肯定する」ような悲劇的人間の象徴である。ニーチェがキリスト教道徳を批判するのは、それが生を「呪い」と「意味」へと分割することで、「全体的な生」の自己肯定を妨げるからである。

　この遺稿は最後に、「ばらばらに寸断されたディオニュソスは生への約束である。それは永遠に再生し、破壊から立ち帰るだろう」と語っている。苦悩のさなかで生を全体的に肯定するという課題は、究極的には「永遠回帰」という形式をとる。本書でも最後に、こうした観点から永遠回帰の圏域に接近することになるだろう。

『道徳の系譜学』を読む

　道徳の問題は、十三歳の少年のころから（『系譜』序 三）、晩年の「いっさいの価値の価値転換」のプロジェクトにいたるまで、ニーチェ哲学の主要な課題であり、多くの著作や遺稿で展開されている。とはいえ、その核心あるいは頂点に位置するのが『道徳の系譜学――論争の書』（一八八七年）であるのは論をまたない。それゆえ、この『道徳の系譜学』を読み解くことを、本書の果たすべき中心的な課題として定めたい。この書は、通例のアフォリズムではなく散文的な論文の形式で書かれており、また三つの論文を束ねた手頃な大きさの一冊だということもあり、こんにちでもニーチェの道徳論の要綱として、あるいはニーチェ入門の一冊として、ひろく読まれている。しかし私の見るところ、『道徳の系譜学』はそれほど読みやすい本ではない。ニーチェ自身も、「もっとも不気味」な一冊だと回顧するほどである（『見よ』系譜）。

じっさい多くのニーチェ書においては、『道徳の系譜学』に論及する場合、たいてい第一論文「「善良と邪悪」、「優良と劣悪」」における「価値転換」と「ルサンチマン」について紹介するにとどまることが多い。しかも私の見るところ、そのときルサンチマンの心理学を早分かりで納得できるような人は、たいてい、その心理学を駆動している「無力さによる偽金作りと自己欺瞞」の論理を、分析的に読み解かずに済ませているようである。

さらに問題なのは、第二論文「「罪」、「疚《やま》しい良心」、その他」、そして第三論文「禁欲主義の理想は何を意味するか」を主題的にとりあげ、そこに哲学的な分析のメスを入れるのが稀であるように見受けられることである。その結果として、ニーチェの道徳批判の肝腎な論点がしばしば見落とされることにもなる。たとえば、道徳が生を矮小化しつつ保存するという、さきほどの論点もそのひとつである。第二・第三論文は、われわれの道徳的精神の奥底にひそむ、先史時代の血塗られた「記憶術」や「刑罰」、僧侶的な禁欲の掟による「自己虐待」の快楽と苦悩などについて語るが、それらの論点は現代のいわゆる哲学や倫理学の枠組みからは、あまりにも異形でグロテスクであるように見えて、敬遠されるらしい。

ニーチェはあいかわらず人気の哲学者であるが、その道徳批判が等閑《なおざり》に片づけられるのは、そのような早分かりの偏った『道徳の系譜学』の読み方のためではないか。人間精神の裏側まで読みとる老練な心理学者が語る「きわめて不愉快な真理」（『見よ』系譜）を、ゆっくり「反芻する」ことを怠り、いかにも「現代人」にふさわしく慌ただしく通り過ぎているからではないか（『系譜』序 八）。『道徳の系譜学』が読者の心のなかに仕掛けたはずの「ダイナマイト」を、いわば不発弾のまま放置しているにすぎないのではないか。——わが国でもすでに数多くの優れたニーチェ書が犇《ひし》めくにもかかわらず、ここに新たに一書を投ずるのは、道徳というものに隠されている不愉快な真理を呼び覚まし、読者の精神に発破をかけようという野心を抱くからである。

カントとニーチェ

本書の特徴の一つは、ニーチェの論敵あるいは先達として、ところどころでカントを引き合いに出して、その対照においてニーチェの哲学的形式を明確にしようと試みたことであろう。しばしば、旧弊なプロイセン式のカント哲学は、自由精神の戯れと試みであるニーチェ哲学とは対蹠的なものであると思われている。しかし、カントからショーペンハウアーを経てニーチェへと受け継がれる思想的系譜を考えれば、それはごく一面的な理解であろう。また、そのような思想史的系譜は、ニーチェ自身が自認するところでもあった。なにしろニーチェは、古典文献学の教授から哲学の教授へと鞍替えしようと試みるにあたり、「近代の哲学者のなかではカントとショーペンハウアーをとくに熱心に研究した[5]」と、当局に自己宣伝したことがあったほどである。

これまでのニーチェ解釈史をふりかえっても、カント的な「虚構主義」の過激な継承者としてニーチェを発見したファイヒンガー[6]という先例がある。また、ニーチェはカントの「批判」を「意味と価値の哲学」として遂行しなおしたと見るドゥルーズ[7]の解釈は、いまなお読むにあたいする。さらに近年では、人間の自律を希求したカント的な「啓蒙」のプロジェクトの正統な後継者はほかならぬニーチェである、という思想史的な見通しが共有されつつあるようにも思われる[8]。

本書でとりわけ重視したのは、ニーチェがカントの批判哲学の超越論的な問題設定を継承したことである。カントの「超越論的」の概念については後述するが［四・1］、ひとまず道徳批判の問題にそくして要点だけをいえば、超越論的な方法とは、ある価値を判定するまえに、その判定の遠近法について批判的な自己反省を迫るものである。しかも注目すべきことにニーチェは、その超越論的な課題を「系譜学」という歴史的方法として徹底した。すなわちニーチェの系譜学とは、そのような自己反省の課題を、われわれの道徳的価値の形成についての歴史的探究として遂行するものである。

このような見立てには先達がいる。ゲオルク・ピヒト（Georg Picht）は、そのニーチェ講義（一九六七年夏学期）において、「ニーチェによって歴史が哲学の唯一の内容となった[9]」と主張している。ピヒトによればニーチェの哲学は、「カントからヘーゲルにいたるドイツ超越論哲学の伝統」を継承するものであり、それを新たに「歴史的哲学」あるいは「系譜学」として遂行しなおすところに画期的な独自性がある。――これから本書で論じるとおり、ニーチェの道徳批判の哲学は、歴史化された超越論哲学を背景に理解されるべきものだと思われる。そしてこの理解に立てば、本書が試みるように、ニーチェの初期の古典文献学批判から、後期のニヒリズム論[10]（永遠回帰論）までを、『道徳の系譜学』の以前と以後につらなる文脈として、一貫して読みとおすことができるだろう。このような私の見通しはピヒトのニーチェ解釈に負うところが大きいことを、ここで付言しておきたい。

本書の概要

本書は四章立てであり、おもに『道徳の系譜学』の読解にあたる第二章・第三章を、その導入のための第一章と、解釈のための第四章で挟んだような建て付けになっている。全体としては、『道徳の系譜学』の解説書としても、あるいは道徳批判という切り口からのニーチェ哲学への入門書としても読めるように書いたつもりである。

『道徳の系譜学』の解説をご所望のかたは、ただちに第二章から繙いてもらいたい。第二章では、おもに『道徳の系譜学』の第一論文の解釈にとりくむ。とりわけ、ルサンチマン的な価値転換の心理学と、そこに潜む「自己欺瞞」の論理について、いわばその襞《ひだ》をほどくように解明することに努めよう。第三章では、第二論文と第三論文の解釈にあたる。「疚しい良心」、「罪」、「禁欲主義」など、第二・第三論文の不気味な諸論点について、通例のニーチェ書よりも踏みこんで、その哲学的な洞察と論理を読み解くことを試みる。

とはいえ、『道徳の系譜学』をその方法論にそくして理解するには、どうしてニーチェは道徳批判のために「系譜学」という歴史的方法に訴えたのか、あらかじめ考えておくのがよいだろう。第一章はこの問いに答えるべく、『道徳の系譜学』へ到るまでのいわゆる初期・中期[11]のニーチェの思想形成を点描しつつ、ニーチェの「系譜学」の由来を尋ねる。これは手短なニーチェ入門も兼ねつつ、本書の解釈視座の足場をかためる作業になる。

第四章では、そこまでの『道徳の系譜学』読解をふまえて、ニーチェの道徳批判について総括的に考察する。ニーチェは道徳を「生の価値」の観点から批判的に判定するというが、しかしそもそも、生きている当事者がいかにしてみずからの生の価値を評価しうるのだろうか。この問いに答えるべく、「位階秩序」、「遠近法」、「ニヒリズム」、「永遠回帰」など、おもに後期ニーチェの諸論点にそくして哲学的な再構築を試み、ニーチェのいう「高貴さ」の超越論的形式に迫りたい。

第一章

歴史と系譜学

道徳批判のための系譜学？

あらためて確認すれば、『道徳の系譜学』の課題は道徳的価値の批判である。「われわれは道徳的な諸価値の批判を必要とする。これらの諸価値の価値そのものがまずもって問われなければならない」（『系譜』序 六）。ニーチェの道徳批判は、正義や同情などの道徳的価値を、われわれの生の観点から評価しなおすものである。ところが『道徳の系譜学』はその題名どおり、道徳批判のために「系譜学（Genealogie）」という方法をとる。この系譜学の方法論がはたして道徳批判という課題に適ったものか、それがまず問われることだろう。

また後述するが、「系譜学」とはある人物や文物の権威を保証すべく、家系や来歴などを過去に遡って跡づける学問であり、広義の歴史学に属する。系譜学という方法論は、ニーチェ主義者を標榜するフーコーが継承して、「考古学」の名のもとに展開したために[12]、現代思想に特有の視角として、なにか期待をこめて注目されることがある。しかし大きく見れば、ひとまず系譜学とはたんに歴史学のことであるといってよい。『道徳の系譜学』において、「道徳の現実の歴史」（『系譜』序 七）に注目すべしとか、「歴史的精神」（『系譜』一・二）が肝要などと言われるとき、ニーチェは史実を尊重する実証主義的な態度を表明している。空想的な道徳の心理学や形而上学に頼るのをやめて、「人間の道徳的過去の、長く、解読しがたい象形文字の全体」にとりくもうとニーチェは訴える（『系譜』序 七）。

とはいうものの、『道徳の系譜学』の序文でニーチェがおのれの道徳哲学的な探究について回顧して語るように、そもそも系譜学は道徳批判のための範例的な方法ではなかった。「道徳の起源をめぐる仮説は、ただ一つの目的のためであって、この目的のための数ある手段の一つにすぎなかった」のであり、その「はるかに重大な」目的とは「道徳の価値」という問題だったのである（『系譜』序 五）。かつてはニーチェ自身が、起源や歴史などという迂回路を通らずに、もっと直裁に「道徳の価値」を判定する方法があると考えていたわけである。しかし『道徳の系譜学』のニーチェは、道徳批判には「系譜学」が不可欠だとして、それを表題に掲げた。

ここでただちに疑問とせざるをえないが、道徳批判という課題に系譜学という歴史的方法を採用するのは筋が通っているだろうか。いま妥当している価値や命題を否定するために、その起源や由来のみに訴えるのは、「発生論の誤謬」と呼ばれる誤謬論法である。哲学研究者にとって身近な例でいえば、ある哲学者がある学説を考えるようになった経緯がじつにいかがわしいものであることを暴露しても、それによって当の学説の妥当性や真理を否定することができるわけではない。また逆に、真摯な努力のすえに見出した学説だからといって、それで正しいことが保証されるわけでもない。

じっさい、現在のわれわれの道徳は、伝統文化や宗教的遺産のうえに、近代的な社会制度や法体系などが複雑に組み合わされた価値の体系であるだろう。だれもが知るとおり、その形成過程には、愚かしい空想や残忍な呪術、戦争や奴隷制といった野蛮な世界史が含まれている。そのような汚らわしい由来をかえりみて、ひとは現代の道徳に一抹の嫌悪感を抱くかもしれないが、だからといって道徳を虚偽だと断定してよいことにはならない。むしろ、血なまぐさい歴史をくぐり抜けることで、われわれはようやく現在の倫理的な水準に辿りついたのだと安堵してよいのである。

すでに『愉しい学問』においてニーチェ自身が警告するとおり、道徳の由来と価値とはまるで異なる問題でありうる。「ある道徳が誤謬から発生したということさえありうる。そうだと見抜いたとしても、まだ道徳の価値の問題にはなにも手がついてないだろう」[13]（『愉学』三四五）。追って見るようにニーチェは、歴史的な起源と現在的な価値妥当とを同一視するという軽信を、厳しく戒める。たしかに、この警戒によって「発生論の誤謬」は防止されうるだろう。だが、そもそも起源と価値とが別問題だというなら、系譜学という道徳の歴史的探究は、現代の道徳に対していったい何の批判的効果をもちうるというのだろうか。

人間の歴史的な自己把握

なぜ道徳を問うのに系譜学という方法をとるのか。これはニーチェの道徳批判の哲学的射程を測るうえで決定的に重要な問いであるが、『道徳の系譜学』のなかにその答えが明確に定式化されて見出されるわけではない。そのためか、ときには「系譜学」というニーチェの方法に特段の取り柄はないと軽んじられる場合さえある。私の見るところ、歴史と批判とを交錯させる方法論は、『道徳の系譜学』の新機軸というより、むしろニーチェの若いころからの哲学的努力の自然な結晶であって、その狙いを見定めるには『道徳の系譜学』の前史に立ち戻るほうがよい。そこで本章では、「系譜学」という歴史的方法の形成について、ごく粗く点と点を辿るだけにせよ、発展史的に素描することを試みたい。もちろん、もはやあらためて断るまでもなく、発展史によって系譜学の方法論を哲学的に正当化しようというのではない。本章の目的は、人間の道徳的な自己理解のもつ歴史性についての、ニーチェの原型的な把握を見届けることである。

あらかじめその要点を示しておこう。人間はおのれの生を歴史的に把握し、その把握にそくして未来への自己形成を果たす。このような人間の生の歴史性への洞察は、初期の古典文献学者としての学問論的反省から育まれ、ついには『ツァラトゥストラ』の「超人」の歴史哲学へと結実する。これを踏まえてニーチェは、道徳の問題についても、その歴史的自覚という契機に訴える。歴史的な人間は、おのれの道徳を反省するとき、その起源と伝承を顧み、その伝統の延長線上に自己を位置づけることだろう。逆に、道徳について批判的に価値転換することは、生の歴史的な方向転換の試みであるほかなく、そこには過去の道徳史の再編成と、新たな将来への方向づけが伴うはずである。それゆえ、人間がみずからを歴史的に把握するものであるかぎり、道徳批判は系譜学として遂行されるのである。『道徳の系譜学』の方法は、人間の道徳的自覚における歴史性の意味が見定められた成果である。

以下の第1節は、古典文献学者ニーチェとその『悲劇の誕生』にまで遡り、古典文献学をめぐる若きニーチェの学問論的な反省をふりかえる。第2節では、つづく『生にとっての歴史の利害』において「歴史」を主題に試みられた批判的考察を、さらに『人間的、あまりに人間的』における「歴史的哲学」の方法論を検討しよう。第3節では、同時代のダーウィン主義との対応に目を向けつつ、ニーチェの「系譜学」の方法論的な奥行きを確かめる。

I 古典文献学の問題

十九世紀の歴史主義と古典文献学

ニーチェは十九世紀の申し子である。とはいえ、その十九世紀の学問や思想を全体として特徴づけるものは何かと問われれば、意外と答えにくい。社会主義、実証主義、新カント派など、十九世紀に登場した思想潮流はあるにせよ、それらを関連づけて時代の全体像をえがくのは難しい。ハイデガーの卓見によれば、十九世紀という曖昧な世紀は、前後の世紀と関連づけて三分割して考えるのがよい[14]。最初の三分の一は十八世紀の続きである。十八世紀の啓蒙哲学の掉尾を飾るのはドイツ観念論であり、それは一八三一年のヘーゲルの死によって幕を閉じる。他方、一八七〇年代以降はマッハやベルクソンやフッサールなどが登場してきた世紀末の時代であって、これはむしろ二十世紀への前哨であると捉えたほうがよい。とすると、およそ一八三〇年頃から一八七〇年頃までの短い十九世紀が、いかにも十九世紀らしい時代だということになろう。一八四四年に生まれて、一八八九年初頭に破滅したニーチェは、まさしくこの十九世紀に育まれて、つぎの世紀へと先駆けるように思索した哲学者であった。

この短い十九世紀は、それ以前の世紀と比較するとき、どのような特徴をもつだろうか。大きく見れば、十七世紀が理性の時代、十八世紀が啓蒙の時代だとするなら、十九世紀は歴史の時代であると言えるだろう。合理主義や啓蒙主義においては、普遍的な人間理性の光への希望が学問を導いていた。しかし十九世紀の「歴史主義（Historismus）」の潮流のなかで、学問の重心が普遍的秩序や永遠の法則から、歴史的生成の諸相へと移ってゆく。学問がいわば歴史化するのである。ダーウィンの進化論や、マルクスの唯物史観などは、生物学や経済学が歴史化した象徴的な事例である。そして、歴史学そのものが歴史化した。ヘーゲルに典型的に見られるような大きな歴史の物語から、個別の民族、言語、文明の歴史のディテールへと視線の向きが変わったのである。ランケ（Leopold von Ranke）が、理念的な歴史哲学を批判して、実証的な経験科学としての歴史学を定礎したのも、やはり十九世紀中葉のことである。[15]

このような十九世紀の「歴史主義」は教育理念にも反映した。ドイツのエリート養成の中等教育校であるギムナジウムでは、ギリシア語とラテン語という古典語が極端に重視された。ギリシア・ローマの古典的精神に学ぶことによって市民的人格を陶冶《ビルデン》することこそが教養《ビルドゥング》（Bildung）であると考えられた。ドイツの教養主義は、このように歴史的教養と人格陶冶という二つの極を統合して成り立つ、緊張感を孕んだ理念であった。

このような教養主義的な教育理念を背後から支えた学問が、「古典文献学」である。古典文献学は十九世紀ドイツの花形の学問であって、やはり典型的に十九世紀的な問題が刻印されている。一方では古典文献学は、十九世紀の歴史主義的な学問動向を踏まえて、経験的な実証性と客観性を追求していた。それまでのなかばアマチュア的な碑銘文の蒐集や訓詁注釈ではなく、新たな歴史科学の方法論に批判的に裏づけられた文献学であろうとしたのである。しかし他方では古典文献学は、「古典的（klassisch）」と冠することからも明らかなように、ヨーロッパの文明形成の揺籃に迫り、そこから近代人の人格陶冶の規範を学びとろうとする情熱に駆動されていた。客観性と規範性という一見して相反する要求を、教養ある歴史学者という人格像において統合したところに、古典文献学のめざす理想があったといえる。[16]

ニーチェはドイツ教養主義の理念を体現するかのように、古典文献学の新星として登場した人物である。名門ギムナジウムであるプフォルタ校で古典語を修め、さらにライプツィヒ大学のリチュル教授のもとで古典文献学を研究する。懸賞論文「ディオゲネス・ラエルティオスの典拠について」でデビューしたかと思うと、弱冠二四歳にしてスイスのバーゼル大学の古典文献学の教授（当初は員外教授）に就任した。博士号も教授資格も特例でお膳立てされた、異例中の異例の大抜擢であった。

古典文献学のアンチノミー

ところが、古典文献学の新星であるはずのニーチェは、すでにバーゼル大学に赴任するころには、古典文献学という学問に対して懐疑的な問題意識を抱くようになっていた。背景の一つとしては、ライプツィヒ大学時代にショーペンハウアーの『意志と表象としての世界』（一八一九年）に読みふけり、哲学的な関心が高まっていたことがある。ショーペンハウアーが踏まえるカント的な認識論では、物自体はわれわれには不可知であり、認識される現象は認識主体の形式や概念によって制約されている。このような認識論から見るなら、テクスト自体を客観的に認識できるはずだという文献学の想定はあまりに素朴であった。

一八六九年のバーゼル大学教授就任講演は『ホメロスと古典文献学』として私家版で印刷されたが、そのおよそ末尾のところでニーチェは、つぎのように全体的な「哲学的世界観」の優越性を語って講演を締めくくっている。

〔……〕およそあらゆる文献学的活動はひとつの哲学的世界観によって取り巻かれ、保護されていなければならない。哲学的世界観においては、すべての個別的なもの、分離されたものは、忌むべきものとして霧散して、ただ全体的なもの、統一的なものだけが生き残るのである。[17]

文献学者があらかじめ抱いている「哲学的世界観」こそが、個々のテクストの収集や解釈といった「文献学的活動」を包括的に指導している。この意味で哲学は文献学の優位に立つ。なるほど、ディルタイやガダマーなどの解釈学に馴染んだ今日のわれわれには、認識関心としての先行判断によって解釈が制約されるというのは、当然のように思われるかもしれない。しかし当時の古典文献学は、古代への憧憬に包まれたロマン主義的な態度を脱して、ようやく「歴史的・批判的方法」による客観的テクスト解釈を旗印に学問として自立したところである。その立場から見れば、哲学的世界観の優越を唱えるニーチェの解釈学的洞察は、古典文献学の教授がみずからの方法論的アイデンティティを根こそぎに否定する暴挙であると映ったにちがいない。

古典文献学の問題は、たんに認識論の次元に留まるものではなかった。みずからの生の指針を古典に求めようとする青年の哲学的衝動は、乾いた原典批判の客観的方法には飽き足らなくなっていたのである。『ホメロスと古典文献学』の巻頭は、古典文献学のアンチノミーを提示するところから始まる。[18] 古典文献学には、一方では「古典的」古代から理想的な世界を発掘し、そこに生の永遠の規範性を読みとろうとする「美学的・倫理的」衝動があり、他方では古代の言語や文明の推移を客観的に記述しようとする歴史科学の「学問的衝動」がある。古典の規範性を鑑《かがみ》にみずからの生を形成しようとする実存的な動機にとっては、芸術的に理想化されたギリシア像こそが真理であり、全体像を結ばない個々の文物の集成など無意味なガラクタであろう。しかし、美しく理想化されたギリシアの虚像に、十九世紀の歴史主義の科学的精神が安穏と満足していられるわけがないのも当然である。

『音楽の精神からの悲劇の誕生』

こうしたニーチェの問題意識は、ついに古典文献学の枠組みを食い破って、哲学的なデビュー作である『音楽の精神からの悲劇の誕生』（一八七二年）において、爆発的に表現されることになる。

この書の眼目は、題名（初版には「音楽の精神からの」が付いていた）が端的に表わすとおり、ギリシア悲劇の起源を音楽に求めることにある（第一〜一〇節）。ギリシアの悲劇は、役者の対話によって展開される劇（ドラマ）と、合唱隊（コロス）が歌う音楽とから成り立つ。ニーチェによれば、この二つの要素は二種の自然の根源的な芸術衝動に対応している。自然には、形式と輪郭のある存在を形作ろうとするアポロン的な芸術衝動と、自然の根底からの生成に苦悩し陶酔するディオニュソス的な芸術衝動がある。このうち、悲劇の起源にあったのは後者のディオニュソス的な衝動を表現するコロスの音楽のほうであった、とニーチェは主張する。音楽として生成する苦悩と陶酔が、アポロン的なドラマの論理によって形象化され、芸術作品として結晶したのがアッティカ悲劇である。

ディオニュソス的なものとアポロン的なものという対概念は、一目瞭然、ショーペンハウアーの「意志と表象」という二元論の哲学の美学的な翻案である（この二元論の原型はさらにカントの「物自体と現象」に遡る）。それゆえ『悲劇の誕生』の解釈図式は、まさに「哲学的世界観」に立脚して古典ギリシア像を大胆に再構成するものであり、古典文献学の実証的な手法を大きく逸脱していた。ディオニュソス的な音楽という考え方にも、一般に芸術は「表象」の個別化の形式に拘束されるが、音楽だけは「意志」そのものの存在論的表現でありうるというショーペンハウアー流の美学[19]の影響が色濃く見られる。

そして『悲劇の誕生』の論述は、前半のギリシア悲劇の起源についての歴史的考察から、後半では現代文化についての積極的な提言へと展開してゆく（第一六〜二五節）。失われた古代ギリシア悲劇とその芸術的エネルギーをいまこそワーグナーの「音楽劇」として復活させ、ドイツ精神の再生を果たそう、というのである。このように歴史的考察（ギリシア悲劇論）と現代文化への関与（ワーグナー礼賛）とを一息に語るところに、古典文献学をめぐるニーチェの批判的な意識がよく表われている。ほんらい過去を認識し解釈しようという衝動は、無関心の真空から始まるのではなく、現在と未来に関わる実践の構えによって賦活されているはずであろう。未来への実践的関心こそが、過去への認識を切りひらく。ところが古典文献学は、つとめて客観的な過去にのみ携わる没関心の態度を繕って、未来志向的な実践性を隠蔽している。『悲劇の誕生』に寄せられた書評の一つは「未来の文献学！」と題されていたのだが、この悪意ある揶揄はむしろ、ほんらい古典文献学を駆動すべき未来への実践的関心を言い当てるものであったといえよう。

学問の問題とソクラテス・プラトン

とはいえ『悲劇の誕生』においては、ギリシア悲劇論やワーグナーとの共闘に覆われて、この時期のニーチェの学問批判がそれほど鮮明に読みとれるわけではない。十数年後（一八八六年）、ニーチェは『悲劇の誕生』を回顧して、その主題はじつのところ「学問そのものの問題」であったと述べている。すなわち、処女作でぎこちなく問われたのは、後年の術語で定式化するならば、「学問そのもの……は生の徴候として見れば何を意味するのか？」という問題だったのである（『悲劇』自己批判 一～二）。

学問の問題は『悲劇の誕生』のなかでは、ギリシア悲劇の変質と没落を論じる文脈において（第一一～一五節）、ソクラテスがその変質・没落に果たした歴史的役割を明らかにするという形で論究されている。ギリシア人の悲劇的精神は、個別者を破壊して生成するディオニュソス的な苦悩を、アポロン的に輪郭づけて美しく表象することで、いわば形而上学的な慰めを得て、ペシミズムを強く生きようとするものであった。これに対して「理論的人間」の元祖であるソクラテスは、生成の苦悩から目を背け、もっぱら意識的な理性と論理の貫徹を重んじたとニーチェは見る。それゆえ「美学上のソクラテス主義」（『悲劇』一二）においては、美はもっぱら明晰で合理的なものに限定され、悲劇の重心はコロスからドラマへと移ってゆく。過酷な生成にわが身を引き裂かれつつ、それでも生を肯定するという悲劇的な強度は消え失せて、機械仕掛けの神によって徳と知と幸福との帳尻を合わすような、エウリピデス式の理性主義的なドラマがそれに取って代わることになる。

　ニーチェにいわせれば、プラトンの対話篇はこうしたソクラテス主義のなれの果てである（『悲劇』一四）。初期プラトンの対話篇は、アテナイにおけるソクラテスの哲学的対話《ディアロゴス》の活動を活写したものであるが、それはまさしく理論的人間たちのあいだで展開される純粋ロゴスのドラマである。また、『国家』篇第十巻の詩人追放論[20]（595A–608B）においては、伴奏つきで詩を歌う詩人が、魂の劣った部分を扇情的に駆り立てるという咎で糾弾されることも周知のとおりである。

　注意すべきことに、このようなソクラテス＝プラトン的なロゴス主義への転落は、ディオニュソス的な音楽に対してアポロン的なドラマが勝利を収めたということではない。むしろ、悲劇において芸術作品として結晶していた二原理が、それぞれ変質して解体したのである。悲劇におけるディオニュソス的な音楽の動性は、プラトンにおいては欲望や情念の騒々しい不安定性として蔑まれている。かつて原自然の生成の充実によって輝いていたアポロン的なものは、ここでは表面的かつ画一的な論理主義へと硬化している（これは現代にいたるまで哲学の文体を束縛する呪いである）。

ソクラテス主義の古典文献学

ニーチェはこうした古代のソクラテス主義の延長線上に、現代の古典文献学の問題を据える。理解を解釈学的に制約する「哲学的世界観」はさきに見たが、ニーチェは『悲劇の誕生』では「圧縮した世界観」を「神話」と呼んでいる（『悲劇』一三三）。神話に導かれてこそ文化は健全な創造力を発揮し、統一した運動として意味をなす。これに対して、「神話の根絶をめざすソクラテス主義の結果としての現在」の科学的営為、とりわけ文献学的な歴史探索を、ニーチェはつぎのように描きだす。

いまや神話を欠いた人間が、永遠に飢えながら、ありとあらゆる過去のもとに立って、根源を求めて掘ったり穿ったりしている〔……〕。満足を知らぬ近代文化の途方もない歴史的欲求、無数の他国の諸文化の蒐集、身を焼くばかりの認識意欲は、神話の喪失、神話的故郷の、神話的母胎の喪失、それ以外のいったい何を示唆しているというのか？（同前）

ソクラテスは、啓蒙主義的な合理性の旗印のもとで神話を根絶して、反駁的対話《エレンコス》のなかで吟味された命題の体系のみを承認した。しかも、この対話は果てしなく続けなければならない。というのもソクラテスの命題の真理性は、神秘的あるいは明証的に確証されているわけではなく（ソクラテスのダイモニオンは禁止の警告を与えるだけである)、対話において反駁されていないという反証の不在によってのみ保証されるからである。[21] それゆえソクラテスは飽くことなく対話を継続して、反証の不在を示しつづけなければならなかった。

同じく古典文献学にも、現在の生と探究を統御すべき哲学的神話が欠けている。根無し草のような文献学者の生が、中心の喪失を埋め合わせるために、認識一辺倒のソクラテス主義の亡霊となって、くるおしく、古代の文物をあちこち掘りかえし、手当たりしだい掻き集めている。その生を正当化してくれるのは、ただ学術的な研究成果の拡大だけである。もちろん古典文献学者にも、古典的な理想像への憧れはある。古典文献学者はその失われた古典性を、歴史的な探求によって古代から取り戻そうと懸命である。しかしそのソクラテス主義的な科学的方法論そのものが、古典的な生き方を可能にすべき神話を破壊している。それゆえ学術成果の量的な拡大は、どこまでいっても生の古典形式に繋がりはしないのである。

『哲学者の書』の「悲劇的認識」

「学問そのものの問題」は、『悲劇の誕生』においては、ギリシア悲劇からソクラテス的学問への頽落という歴史的経過に託して論じられた。同時期の一八七二年頃の遺稿群である『哲学者の書』[22]においてニーチェは、この問題を理論的・認識論的な形で考察しなおそうと試みていたので、それを一瞥しておこう。この遺稿群でくりかえし試みられるテーマの一つは、悲劇的哲学者の「知恵」とソクラテス的な「学問的認識」との対比である。

『哲学者の書』の基礎となる立場は、やはり『悲劇の誕生』と同様に、カント的な認識論であり、ショーペンハウアー式の意志と表象の対概念である。悲劇時代の哲学者は、自然の根底から生成するディオニュソス的な意志衝動から目を背けないが、とはいえそれを物自体として認識することもできない。認識するには、意志を主観の側の直観形式やカテゴリー機能によって現象＝表象へと成型せねばならないが、それはもはや意志それ自体ではないからである。認識される現象はある意味では偽造されたものであり、認識者として誠実であろうとしても、その誠実さは「相対的にしか可能ではない」。ニーチェはこれを「カントの悲劇的な問題[23]」と呼ぶ。カントは倫理学の場面では誠実性の理想を掲げながらも、認識論の場面ではその理想をみずから裏切って、偽造された現象の認識で手を打たざるをえなかったのである。

同じ一節でこのような学問的認識に対置されるのが、「芸術の誠実さ」の概念である。芸術はおのれの偽造的な本性を偽らずに自覚することによって、誠実さの新たな段階に達し、「新たな品位」を獲得するとされる。カント的な認識批判を踏まえれば、人間の認識活動において「虚偽」は不可避のはずである。しかしソクラテス的な学問においては、認識における虚偽性・仮象性は隠蔽されて、自己欺瞞的な態度で、物自体を模写した真理が追究されている。これに対して芸術家はみずからの虚偽性を承認することで、かえって自身の創造性に対して誠実でありうるのである。

ソクラテス主義の科学者が自己欺瞞的に真なる認識を標榜するのに対して、悲劇的な哲学者は、ディオニュソス的な自然衝動を芸術的創造力によって形象化して受けとめようとする。『悲劇の誕生』において「芸術は学問の必然的な相関者・補完者ではないか」（『悲劇』一四）と予感されていたとおり、哲学者はここで、芸術の創造的な形象力を、学問を補完する機能として積極的に活用する。

悲劇的認識の哲学者。この哲学者は野放図な知識欲を制御するが、それは新たな形而上学によるのではない。新たな信仰を樹立するのではない。哲学者は形而上学の地盤の喪失を悲劇的に感じとるが、さりとて諸科学の多彩な茶番劇にけっして満足することもできない。かれは新たな生の樹立にたずさわる。芸術にその権利をふたたび与えなおすのである。[24]

存在者全体の真理を客観的に語るような素朴な「形而上学」は、認識批判にさらされて、すでにその地盤を喪失している。哲学者はその喪失の悲劇を受けとめるが、（つづけて対比されるように）ソクラテスのような「絶望的な認識の哲学者」は、やみくもに研究に「没頭」して、諸科学の繁栄によって悲劇を取り繕おうとする。哲学者はそうした「野放図な知識欲を制御する」という役割を果たすが、ただしそれは新たな「形而上学」や「諸科学」を提供することによるのではない。むしろ、誠実に創造的な「芸術にその権利をふたたび与え」ることで、アポロン的に形象化された「生の姿（Bild）」を樹立することによるのである。

自然の意志衝動を芸術的に形象化することで生の姿を確立しようという学問論の見立ては、もちろんギリシア悲劇論の構図と対応している。そこから類推されるとおり、ここで確立されるべきは、剝《む》き出しのディオニュソス的な自然ではなく、それがアポロン的に彫像されたかぎりでの生の姿である。しかもその生は、ソクラテス的に論理化された頽廃的な生ではなく、ディオニュソス的自然によって賦活される上昇的な生である。ニーチェは、なまの自然への回帰を唱える野蛮な自然主義でも、自然の客観的真理をめざす科学的な自然主義でもなく、むしろ悲劇的＝芸術的な自然の創造を唱える美学的な自然主義に立つ。野生への回帰と啓蒙の科学主義との狭間に、芸術によって補完される自然の学問を、ニーチェは展望していた。

2　批判的歴史と歴史的哲学

『生にとっての歴史の利害』の超歴史的立場

古典文献学についての学問論的な反省は、以上のように『悲劇の誕生』と『哲学者の書』のころには、ソクラテス主義的な学問への批判と、それに対峙する悲劇的哲学の構想として結実していた。それからおよそ二年後、『反時代的考察』の第二篇『生にとっての歴史の利害』（一八七四年）において、ニーチェはあらためて「生にとって」という観点から「歴史」の功罪を診断することを試みている。

すでに『悲劇の誕生』が洞察していたように、古典文献学の歴史主義はソクラテス主義の延長線上にある。ソクラテス主義的な学問精神が、哲学的神話を欠き、未来への駆動力を失ったまま、過去の「写し絵」をひたすら掻き集めているのが古典文献学の正体である。このように十九世紀の学問精神は、「歴史的教養」の重圧に押しつぶされて倦み疲れていた（『歴史』序）。とりわけ、偉大な政治的伝統を欠いたドイツ人は、ギリシア・ローマの古典的教養の威光によって欠落を糊塗すべく、歴史的な諸学問に頼った。その結果、過去によって現在と未来の生気が吸いつくされる「歴史病」が、ドイツ教養市民層に蔓延することになった。いまや歴史は「生を萎縮させ退化させる」（同前）ものになり、生にとって有害なものになった。しかし、このように有害な歴史とは異なった、生に奉仕する有益な歴史が可能なのではないか。それが『生にとっての歴史の利害』の問題意識である。

この書は、草を食《は》みながら通りゆく家畜の群れを見て、思わずその幸福を羨んでしまうという喩えから始まる（『歴史』一）。家畜はそのつど過去を忘却して、その瞬間に充実して幸せに生きている。つまり動物は「非歴史的に」生きている。ところが人間はといえば、過去形の言い方を学ぶにつれ、ついには不眠不休で過去を反芻するだけの動物になりさがってしまう。「歴史感覚」が一定の度を過ぎて高まると、「過去の重荷」が現在の生を押しつぶして、「未来への造形力」を奪うことになるのである。

こうした歴史病に対するニーチェの処方箋は、「忘却」という「非歴史的なもの」を人間にまとわせることである。もちろん人間は歴史を欠いた根無し草ではありえず、本来的に「歴史的」な生き物である。しかしその歴史は、忘却という非歴史的な土壌に植えつけられて、はじめて人間の生の健康に奉仕するものになる。過去を忘却することで、現在の「地平」を限り、そこから未来へと駆動するという非歴史的な次元がなければ、人間の生は窒息してしまう。すなわち、人間には歴史と非歴史とが等しく必要なのである。

注意すべきことには、ニーチェはなにも、歴史的人間を忘却の力で非歴史化することを目論んでいるのではない。いいかえれば、自然の意志衝動によって人間を野生化することで、歴史病を治そうというのではない。ニーチェはむしろ「超歴史的な立場」に立つことで、歴史と非歴史をひとしく超克しようとする。超歴史的立場とは、歴史のなかに非歴史を見てとる立場である。この立場から見れば、歴史的な偉業や達成をつくりだす人間の魂や文化の活力は、歴史過程のなかで発達するのではなく、むしろそのつど完成して終局しているのであって、それゆえ同一の形が歴史と現在の生を貫いている。超歴史的立場の命題をニーチェは次のように定式化している。

過去のものと現在のものは同じ一つのものであり、すなわち、あらゆる多様性にもかかわらず類型としては等しい。それは、不易の諸類型《タイプ》の遍在として、不変の価値と永遠に等しい意味をもつ静止した形姿である。(『歴史』一［KSA 1, 256］)

これは後年の「永遠回帰」の萌芽となる思想であるといってよい。永遠回帰については追って見ることにして［四・3］、ここでは歴史という観点に限ろう。歴史をつくるのは未来へ挑む魂の覇気であり、その覇気が賦活する神話的な文化統一の力であろう。歴史をふりかえれば、それがさまざまな性格や文化として、しかし「不易の諸類型」を保ちながら、くりかえし登場してくることがわかる。非歴史的なものが歴史的に回帰するのである。そして、そのような同じ精神の典型に倣ってみずからを象《かたど》ることによって、ひとは現在の生を未来へと向けて形成することができる。ひとは歴史から非歴史的な形姿を受けとることで、はじめて歴史形成的という意味で歴史的でありうる。

超越論的な歴史哲学

ちなみに、歴史を表わす言葉はドイツ語ではGeschichte《ゲシヒテ》とHistorie《ヒストーリエ》の二種類があって、ニーチェも両方を使っている。ここで二つの単語の来歴について触れておこう。[25]もともとドイツ語では、「物語《ストーリー》」と語源的に共通するHistorieのほうが広く使われていた。ところが十八世紀後半からは、これにかわってGeschichteのほうが多用されるようになる。Geschichteという名詞は、geschehen（起こる）という動詞に由来するが、当初はGeschichteの最後のeは複数形を表わすものであり、出来事をめぐる複数の物語を意味していた。それが十八世紀になると、単数形の総称としての「歴史（Geschichte）」という概念ができる。この「歴史《ゲシヒテ》」が、啓蒙期の合理主義的な高揚のなかで、さまざまな古《いにしえ》の物語ではなく、一つの人類的な進歩の歴史として概念化されることになる。

カントの歴史哲学は、このような啓蒙期の歴史観を超越論的な観点から基礎づけたものと見ることができる。[26]カントの歴史哲学の要綱は、論文『世界市民という見地からの普遍的歴史《ゲシヒテ》の理念』[27]（一七八四年）に示されている。この論文は題名から覗われるとおり、ひとつの哲学的な試みとして、「世界市民という見地」を掲げて、その見地から理念的に人類全体の「普遍的歴史」の見取り図を描いてみるものである。そのような「哲学的歴史」の構想が試みられるのは、ついには「永遠平和」を実現すべきだという人類の将来的課題に照らして、そこへ到る途上としての現代の歴史的境位を自覚するためにほかならない。

『純粋理性批判』(一七八七年・第二版)においてカントは、いわゆる「コペルニクス的転回」を提唱した。これまでのように認識が対象に従うと見なすのではなく、むしろ試みに対象のほうが認識に従うと考えてみようとカントは唱える[28](B XVI)。歴史哲学におけるカントは、この認識論的転回を歴史認識にも適用することで、歴史は語り手の哲学的観点に従うと考えてみようと唱えるわけである。はじめに触れたように、これはカントの術語では「超越論的」といえる考え方である。「超越論的」という概念はここでは、歴史そのもの(=対象)を云々するまえに、歴史を物語るための先行的な見地(=認識)を反省的に捉えようとする批判的態度のことを意味する。哲学的歴史を構想するための見地へと超越論的に反省することが、歴史のコペルニクス的転回には必須なのである。

十九世紀の歴史主義は、このような哲学的とも観念的ともいえる普遍史を、さまざまな民族史や文化史などへと分割し、実証的な歴史科学を整備した。しかしまた、これによって普遍的理念としての歴史は、たんに過去の文物の際限ない蒐集と貯蔵へと堕したともいえる。だとすれば、ここであらためて必要なのは、たんに過去の出来事を集めて記述することではなく、そこから現在の生に位置と意味を与える歴史を編み出すことであろう。すなわちニーチェの言い方では、

「過去を生のために利用し、起こったこと（das Geschehene）からふたたび歴史（Geschichte）を作りだすこと」である（『歴史』一［KSA 1, 253］）。その歴史は、過去の出来事のたんなる羅列ではなく、現在の生を賦活する物語であるべきである。とはいえ同時に、それはもはや普遍的理念にそって物語られるカント式の歴史哲学ではありえず、さまざまな過去の実際の出来事から解釈学的に獲得された歴史でなければならない。ここでニーチェが模索しているのは、切り詰めていえば、歴史主義という試練を潜《くぐ》りぬけた歴史哲学なのである。

記念碑的歴史・尚古的歴史・批判的歴史

ニーチェは生に対する歴史の利益と害悪をさらに分析すべく、歴史を「記念碑的」、「尚古的」、「批判的」という三つの類型で考察することを試みる（『歴史』二）。それぞれの歴史に、生にとっての特有の利益があり、行き過ぎた場合の害悪がある。

「記念碑的（monumentalisch）歴史」とは、記念碑となるべき過去の偉大な事件としての歴史のことである。われわれは、かつてあった偉大な事業や人物を知ることで、その古典的な範型と力量に共鳴し、みずからを鼓舞して、未来への推進力を得ることができる。しかし、これも度が過ぎると、記念碑的な歴史を踏まえてみずから行為するのではなく、「偉大事をなす能力を欠く偉大事の愛好家」（同前）になりさがる危険がある。しかも、過去の事件はほんらい一度きりの個別者であって、それを古典的な理想像として過剰に類型化すると、歴史と「虚構《フィクション》」との区別がつかなくなってしまうだろう。

歴史を虚構にしないためには、歴史に対する尚古《しょうこ》的な態度が必要である。「尚古的(antiquarisch)歴史」とは、いにしえからの文物や伝承の骨董的な保存という意味での歴史である。過去をもたない人間は、いわば根無し草のように軽薄であろう。みずからを形成してきた伝統を学び、保存し、その敬虔な雰囲気のなかで呼吸すること、その伝統に根ざして養分を受けとることが人間の成長には不可欠である。しかし、この意味での歴史も過剰になると、過去のがらくたを蒐集して教養を競うという倒錯に陥る。このような歴史主義的な教養においては、未消化のまま溜めこまれた知識の多寡が重視され、ほんらい「教養《ビルドゥング》」が有していたはずの人格的な形成力は衰退している。衰弱した教養市民は、現在の生成を軽視し、将来の課題から目を背けたまま、骨董に埋没するという頽廃に陥るのである。

それゆえ、批判的に歴史に対峙して、現在の重荷になるような過去のいっさいを粉砕することが必要になる。「批判的(kritisch)歴史」とは、過去を批判的に考察して断罪、破壊したうえで、そこから反転して未来へと自己形成する力を育むための歴史である。「未来を建設する者のみが過去を裁く資格がある」とニーチェは語る(『歴史』六)。しかし過度に批判的に歴史を考察することは、情け容赦なく自己同一性の歴史的根源にメスを入れることであって、「生そのものにとって危険な過程」である。どこまで批判的であろうとも、いずれ人はみずからの歴史を破壊しつくして、非歴史的に現在から再出発することはできない。——どこまでも歴史的に訓育される人間が批判的に歴史を創造することは、いかにして可能なのだろうか。[29]

> ともあれわれわれは先立つ世代の結果であるから、それらの世代の惑乱、情熱、誤謬の、それどころか犯罪の、結果でもある。この鎖からすっかり逃れることは不可能である。〔……〕できるのは、せいぜいのところ、相続した先祖伝来の本性とわれわれの認識とを対立させること〔……〕ぐらいのことである。新しい習慣、新しい本能、第二の自然本性（Natur）を植え付けて、第一の自然本性が枯れるようにするのである。（『歴史』三〔KSA 1, 270〕）

人間は過去の世代の誤謬や犯罪によって形成された産物であって、完全な自己破壊をともなわずには、歴史の鎖から逃れることはできない。むしろ批判的歴史の使命は、歴史的な遺産を相続しつつ、新たな認識や価値観を育成することで、それを「第二の自然本性」になるまで体得することである。もちろんこの過程では、伝統的な認識や価値観とのイデオロギー闘争は避けられない。この闘争の結果、「第一の自然本性」が滅びれば、新たな「第二の自然本性」のほうが生き残り、やがてそれが「第一の自然本性」として継承されてゆくことになろう。それゆえ、尚古的歴史において継承される伝統は、それ自身がかつて批判的歴史の過程において形成された産物なのである。

たしかに人間というものは歴史的な形成物ではあるが、その歴史そのものがやはり人間による形成物である。歴史と人間とは、みずからの尾を呑む蛇であるウロボロスのように、相克的に循環している。そして、この相克的循環のダイナミズムこそが歴史において回帰する同一者であって、さきほどの「超歴史的な立場」はそのことを厳粛に自覚するのである。

道徳的本性の批判的歴史

このように三つの観点から、ニーチェは生にとっての歴史の利と害を分析してみせる。生にとって歴史が有益に働くのは、過去の古典的な天才や偉業と呼応しつつ、伝統として相続された歴史的遺産によってみずからを養い、しかしその歴史と批判的に対決して自己形成する場合である。しかし歴史が過剰になると、実践的関心に背を向けた偉大マニア、敬虔の念を欠く骨董蒐集、創造への意志を伴わない歴史破壊へと変質して、歴史は生の衰弱をもたらすものになる。

衰弱した生の一例は、十九世紀の歴史主義的なドイツの教養人である。それに対して、歴史を善用した典型として『生にとっての歴史の利害』の末尾で言及されるのが、古代ギリシア人である（『歴史』十）。当時のギリシア人は、エジプトの歴史やオリエントの神話などの豊かな教養の流入に対抗して、ヘラスの文化を樹立すべく、混沌を組織化することを学んだ。この「文化のギリシア的概念」がめざすのは、たんなる外面的な装飾や便宜ではなく、民族の「新たな改善された自然（Physis）」の獲得である。このような文化の代表例は、もちろんあのギリシア悲劇である。ギリシア悲劇は、自然の意志衝動と輝かしい形象とを統合した芸術的仮象であって、それが悲劇的ギリシア人の「新たな改善された自然」を実現している。

このように悲劇を通じて文化的に達成される「自然」は、「批判的歴史」において習得されるといわれた「第二の自然本性」と等しいものであろう。この意味での自然ないし自然本性は、剝き出しの自然そのものではなく、たとえばギリシア人の「道徳的な自然本性」(『歴史』十)のように、歴史的に獲得されるものである。われわれの道徳的本性はもちろん歴史的に伝承された文化であるが、精神に深く浸潤して本能のようになっている。それを改めて歴史的に捉えかえし、批判的に破壊することによって、新たな改善された道徳を第二の自然本性として実現することができるだろう。このような見通しのもとで、古代ギリシアの範例を踏まえつつ現代に立ち戻って、われわれの道徳の批判的歴史を試みたのが『道徳の系譜学』である。

すでに触れたように「系譜学」は歴史の方法論である。ただしその歴史は、歴史主義的な古典文献学や実証主義的な歴史科学のことではなく、むしろ『生にとっての歴史の利害』において三つの観点から積極的な意義が説かれた歴史のことである。それゆえここで、その三つの歴史にそくしてひとまず要点を予示しておくなら、ニーチェの「道徳の系譜学」とは、記念碑的な古代の貴族道徳の理想に学び、キリスト教道徳の誠実さの遺産を尚古的に保存しつつ、しかしルサンチマン的な価値転換の歴史を批判的に破壊することで、新たな道徳的本性を習得しようとする試みであるといえよう。

歴史的哲学における対立物の生成

歴史を重んじる方法論は、『反時代的考察』につづく著作である『人間的、あまりに人間的』において、自然主義的な哲学的探究法として自覚的に採用されるにいたる。「自由な精神のための書」という副題をもつこの書物は、題扉によれば「ヴォルテール歿後百年祭によせて」、一八七八年に公刊された。この書でのニーチェは、空想的な「理想主義」を蕩々と語るのではなく、「人間的、あまりに人間的」な現実の諸相をアフォリズムの形でつぶさに記述する。『悲劇の誕生』に見られたようなショーペンハウアー譲りの形而上学的思弁ではなく、むしろ実証主義的な経験科学を尊ぶ態度が、中期とよばれるこの時期のニーチェを特徴づけている。歴史的方法は、そのような科学的精神に基づいて道徳の問題に接近するさいに採用される方法論である。

ニーチェにいわせれば、哲学者の世襲的欠陥は「歴史感覚の欠如」である（『人間』上・二）。哲学者は現在の「人間」を見て、そこに永遠に保たれる秩序があるものと考えて、その「永遠の真理」を語ろうとする。たしかに、有史以来のここ数千年のあいだには、人間の本質はあまり変わらなかったかもしれない（たとえば『旧約聖書』にえがかれる人間的感情の機微は現在にもほとんど通用する）。しかしそのような人間の本質は、有史以前の、はるか原初時代に発達し、形成されたのである。この先史の原初時代の人類の生成について「歴史的に哲学する（historisch philosophieren）」ことが肝心なのだとニーチェは力説する。

興味ぶかいことに、このようなニーチェの見方は、最近の自然人類学や進化心理学の知見にも合致するように思われる。しばしば指摘されるように、チンパンジーとの共通の祖先から分岐して以来、人間の心の基本的な仕組みは、群棲して共同で作業しつつ、獲物と住処を求めて旅の生活を続けた、数百万年にわたる狩猟採集生活のなかで形成されたものである。じっさい『道徳の系譜学』の第二論文にも見られるように、ニーチェのいう道徳の歴史は、そうした遥《はる》か先史の人類史にまで及ぶのである。

『人間的、あまりに人間的』の第一章冒頭のアフォリズムは、「あらゆる哲学的方法のなかで最新の方法」として「歴史的哲学」を導入して、その方法論の要諦は起源と目的との差異にあるとする（『人間』上・一）。これまでの形而上学的な哲学は、「対立物からの成立」を認めない。歴史の目的が理性であるならば、歴史の起源には理性の本質的原型があったと考える。ここでは理性の同一性は不変であり、理性と非理性との対立は永遠の秩序である。しかし歴史的哲学の方法から見れば、そのような素朴な対立は形而上学的な「誇張」にすぎない。実現した目的は、じつのところ起源においてはまるで異なったものでありうる。たとえば、均衡した平和な秩序がしばしば血みどろの戦争から余儀なく帰結した状態であるようなものである。今では対立物として意識されるものが、歴史的には同一物であるかもしれないわけである。

歴史的哲学は対立物の生成を突きとめなければならない。ただし、先史時代にまで遡って道徳を探究するためには、哲学者の手に入る史料が必要であろう。ここで手がかりになるのが、「概念と感情の化学」、すなわち現に意識されている概念や感情などの化合物を、起源となる単純な分子へと分解する化学的な手続きである。しかし残酷にもこの手続きによって、たとえば非利己的な行動や道徳的良心などの、人間の栄誉となるべきものが、「下級の、軽蔑すべき素材から獲得された」ものであったと判明するかもしれない。それゆえ、ひとは「由来と起始に関する問いを忘れてしまいたがる」。そこを敢えて掘りおこす勇気こそが哲学に固有のものであり、それは「ほとんど人間離れしたもの」だと、ニーチェはこの冒頭の一節を締めくくる。

ラ・ロシュフコーとパウル・レー

道徳の歴史的哲学に必要とされる「概念と感情の化学」の内実は、フランス・モラリストゆずりの「心理学的観察」によって提供されることになる。『人間的、あまりに人間的』のニーチェは、しばしばラ・ロシュフコー（François de La Rochefoucauld）の『人間考察、あるいは処世訓と箴言』に言及している。ニーチェが引くのは、この箴言集のつぎの一文である（『人間』上・一二六）。

世間が美徳と呼ぶものは、ふつう、われわれの情念が作りだす幻にすぎない。罰せられずにしたい放題ができるように、体裁のよい名をそれに付けたのである。[30]

この箴言に代表されるように、ラ・ロシュフコーの箴言の多くは、美徳の裏側に隠れた「自己愛」を暴くものである。美徳と称されるものは、じつのところ自己愛に導かれたさまざまな欲望が世間体にあわせて偽装されたものにすぎない。宮廷貴族たちの人間模様についての酷薄な観察をふまえて、切りつめた鋭利な筆致で、美徳の欺瞞と偽善の諸相を暴露してゆくラ・ロシュフコーの心理学は、道徳にかかわる人間の心情の細部にせまる視角をニーチェに教えた。『道徳の系譜学』で達成された、ルサンチマンの襞を解きあかす分析は、このようなモラリスト的な心理分析の鍛錬のすえに可能になったものである。

ニーチェは、ラ・ロシュフコーと並べて、「フランスの魂の吟味の達人たち」に新たに仲間入りしたドイツ人として、友人であるパウル・レー（Paul Rée）を挙げて、その『心理学的観察』

（一八七五年）と『道徳的感情の起源について』（一八七七年）に言及している（『人間』上・三六、三七）。ニーチェは『人間的、あまりに人間的』を執筆中の一八七六年の冬を、レーとともにソレントで過ごした（レーの『道徳的感情の起源について』は、この冬のあいだの二人の長い議論から結実したものである）。レーがニーチェに与えた影響は、モラリスト的な克明な人間観察、あるいはニーチェがおどけて言う「現実主義《レーアリズム》（Réealismus）」にとどまらない。『人間的、あまりに人間的』で新採用されたアフォリズムの文学形式は、もちろんフランス・モラリストに範を仰ぐものだが、直接のお手本はレーのアフォリズム集である『心理学的観察』だったのである。

力への意志と名誉欲

モラリスト的な心理分析が教えるように、意識にのぼる道徳性の奥底には自己愛的な欲望が渦巻いている。いいかえれば、抑圧された自己愛的な欲望はさまざまに変形して、ようやく道徳的感情として許されて意識にのぼってくる。しばしば指摘されることだが[31]、このような心理分析が後年の「力への意志」の教説の遠い出発点になっているのである。

そもそも「力への意志（Wille zur Macht）」という言い方は、『人間的、あまりに人間的』を執筆中の一八七七年頃の遺稿において、「名誉欲」を分析する過程で最初に定式化されたものである。名誉欲がめざすのは「みずからの力（権力）を感じること」の快楽であるが、そこには不評や非難を怖れる消極面と、さらなる力を得ようと欲する「力への意志」の積極面がある、とニーチェはいう[32]。もちろん、たんなる名誉欲よりもさらに込み入った場合もあろう。たとえば、あえて卑屈に謙遜してみせるのは、埋め合わせのための賞賛を相手に強いることで大きな権力感情を味わおうとする意志が、ていよく偽装されて発露した結果である、といったぐあいである。「力への意志」についてはまた言及する機会があろうが、いずれにせよその原型をモラリスト的な心理分析に見届けることは、力への意志に過度な形而上学的含意を読みこむ傾向から距離をとるために大切な視点であろう。力への意志は「概念と感情の化学」の試みにおいて、表層的な道徳意識を解析するための作業仮説として導入されたものである。道徳的な行為や感情の底には、生の意志衝動としての力への意志が蠢《うごめ》いている。道徳性の化合物を巧みに分解すれば、抑圧され、歪められ、変装した意志衝動の正体が見えてくる。「力への意志」は本来そのような道徳の心理学的観察のための分析装置であり、それを形而上学的な原理に祭りあげるのは本来の意図からは逸脱しているように思われる。

ただし、「力への意志」の方法論はこの時期に見定められたとしても、道徳批判の基本的な方向性については事情が異なる。ラ・ロシュフコーのようなモラリストの観察は、一見して有徳な行ないがじつは偽善であることを見抜く。この場合、道徳的な善悪の原理の正当性は疑われておらず、その道徳的善悪の内在的観点から、不純な行為の動機が内心の秘めた悪徳として暴露されるのである。レーの心理学的観察も、こうしたフランス・モラリスト式の道徳批判の流れにある。『人間的、あまりに人間的』のニーチェは、『道徳の系譜学』を予感させる系譜学的な諸着想を語りつつも、やはりこうしたモラリスト式の論法に範を仰ぐのである。この点を自覚的に見定めて、道徳的な善悪の原理そのものに照準を合わせた道徳批判の方針を定式化するのは、つづく

『曙光』においてである（これについては次章であらためて論じよう）。

3 系譜学の方法

ダーウィンとルー

本章の残りでは、道徳の問題ではなく、むしろ歴史あるいは系譜学の方法のほうに絞って、およそ『ツァラトゥストラ』（第一部、一八八三年）以後のいわゆる後期ニーチェをも視野に入れつつ、同時代の文脈のなかでもう少し考えてみよう。

十九世紀において、歴史的な思考方法への決定的な駆動力を与えたのが、ダーウィンの『種の起源』（一八五九年）の進化論であったことはいうまでもない。人間を含む動植物の全体が、創造のときに神の定めた種としてあるのではなく、自然選択による進化によって歴史的に発生したという考え方は、まさに「歴史の時代」の趨勢を決する力があった。この進化論によって、創造から救済へと一直線に繋がるユダヤ＝キリスト教的な歴史哲学は致命傷をこうむったし、さらにはコントやスペンサーなどに代表される「社会ダーウィン主義（社会進化論）」が、時代のイデオロギーとして躍り出ることにもなった。かつては、こうした社会進化論の思想潮流のなかにニーチェが位置づけられたこともあった。あたかもニーチェ哲学は、生存闘争と適者生存の苛烈な社会を是とし、さらには生物学的な人間の進化をめざして優生論を唱えるものと見なされ、イデオロギー的に援用されたり、あるいは忌避されたりしたのである。

それでは、ニーチェはダーウィンの進化論をどのように見ていたのだろうか。「ダーウィン主義に反対して」と題された後期の遺稿においてニーチェは、器官形成における外的環境からの影響を重視するダーウィンの立場を批判している。[33] ニーチェにいわせれば、生命個体はそれ自身が「諸部分間の闘争」を繰り広げており、優勢になった器官が退化した器官を従えるようになる。生命体の形は、そうした優越を意志する諸部分どうしの闘争の結果としての平衡状態なのである。ニーチェはこのような洞察を、ヴィルヘルム・ルー（Wilhelm Roux）の『有機体における諸部分間の闘争』（一八八一年）から学んだらしい。このルーの有機体論が「力への意志」の概念形成に影響を与えたことも、すでに指摘されている。[34] ニーチェは、さきほどの「心理学的観察」で見出された精神的な感情や欲望を、生命活動を駆動する生物学的エネルギーとして解釈しなおすことで、「力への意志」をひろく生一般に妥当する理論へと拡充したわけである。

この遺稿によれば、このように有機体内で闘争する力への意志は「内側から発して形態を創造する暴力」であって、これが外部と接触すると、「「外的な環境」を利用しつくし、搾取する」ことになる。この過程において生命体はみずからの内的な諸力の関係を調整して、環境により適応したものに変形する。このとき外的環境のほうも固定的なものではなく、生命体の諸力の形式に応じ、その遠近法的な相関者として現われてくる。そして、生命体のほうはその環境に対応して変形し、さらに強力になろうと進化する。このような生命体の自己形成過程をニーチェは、ルーにならって「自己規制（Selbstregulierung）」と呼ぶことがある。[35] ニーチェの解するダーウィンの

「自然選択」が生命体にとってはもっぱら受動的な過程であるのに対して、「自己規制」は能動的な過程であり、そこには生命体の内的諸力の調整と、それに相関する外的環境のデザインとが伴うのである。

道徳的な生存闘争

ここからはニーチェが、当時の生物学の著作を旺盛に読みこなしつつ、ダーウィンの進化論の洞察を哲学的に咀嚼しようと努力していたことが覗われるだろう。さらに、この進化論を人間の歴史へと適用する場合には、自己の精神的な諸力を調整して、思想信条を最適化しようとする人間の能動的な意志を読みとることが大切になる。じつに興味ぶかいことにニーチェによれば、このような観点から道徳の歴史をふり返るとき、ダーウィン的な適者生存とは逆の光景が見えてくるのである。最晩年の『偶像の黄昏』（一八八八年成立）の「反ダーウィン」と題された一節においてニーチェは、ふたたびダーウィンの「生存闘争」の概念を批判して、つぎのように指摘している。

> 残念ながら生存闘争からは、ダーウィン学派が望んでいるのとは反対のことが帰結している〔……〕。すなわち、強者、特権者、幸運な例外者には不利になるのである。〔……〕弱者が再三にわたって、強者を支配する主人になる。それは弱者が多数派であり、またより賢明でもあるからである。ダーウィンは精神《ガイスト》を忘れてしまった（——これこそイギリス的だ！）。弱者

のほうが多くの精神を備えている。〔……〕ここで私が精神として理解しているのは〔……〕、用心、忍耐、狡知、偽装、大きな自制心のことであり、いっさいの擬態（mimicry）であるもののことである（この最後の擬態にいわゆる徳の大部分が属している）。（『偶像』逍遥一四）

生命は個体としても全体としても過剰な横溢と浪費であり、権力の奪取をめざして闘争が繰り広げられている。その闘争においては、たんに所与の環境に適応した優秀者や強者が選択されて、そのまま生き残るというわけではない。むしろ、みずからの心理学的な諸力の調整によって新たな信条を作りだし、それを集団的に蔓延させることで、みずからに有利なイデオロギーを構築できる者が、その新たな思想的「環境」において適応的に生存することになるだろう。そのように思想を操作できる狡猾さ、あるいは「精神」の深さは、弱者にこそ備わる資質である。弱者にはそれしか武器がないために、やむなく狡猾にならざるをえないからである。

強者の自然的な優越に対抗すべく弱者は、反動的に、みずからに有利な道徳的イデオロギー体制を樹立する。そして、弱者はみずからをこの道徳的環境により適応した形へと自己規制することで、すなわち「徳」の「擬態」を見せつけることで、道徳的な位階秩序における最高権力を奪うのである。この新たな秩序のもとでは、本来の強者は不道徳な野蛮人として最下層に位置づけられることになる。こうして人間の歴史をふり返ると、いつでも弱者が支配して、強者が虐げられるという倒錯した淘汰の経過が見られるわけである。

人間の進化は、たんに所与の環境における生存闘争と適者生存という自然選択の過程なのではない。むしろそれは、思想的環境の操作的構築と、それに適応しうる信条の自己規制とが縒《よ》りあわさった権力闘争の歴史なのである。そしてこの歴史そのものが、『生にとっての歴史の利害』の洞察が教えるように、権力闘争の対象であることから逃れられないだろう。人間にとって歴史は、現在の生を支える思想的な土台であり、みずからの正統性を担保してくれる権威である。その歴史は、未来への自己形成のために、不断に批判的に再解釈されることになる。そのような再解釈の政治過程によって樹立される新たな歴史によって、思想的な生存の環境が定まり、正統と異端が色分けされ、権力的な淘汰が進んでゆく。それゆえに歴史はつねに権力闘争の対象であり、また新たな権力闘争を設定する前提でもある。

超人の歴史哲学

『ツァラトゥストラはこう言った』に出てくる「超人（Übermensch）」は、ニーチェの構想するこのような進化論的歴史を比喩的に具象化したものと見なすことができる。これまで「超人」は、民族の英雄として祭りあげられたことも、漫画的なスーパーマンとして嘲笑されたこともあったが、その真意は（前節でカントにそくして言及した）超越論的な歴史哲学という観点から読みとるのが最適であるように思われる。

『ツァラトゥストラ』の「序説」では、人間の進化史として、動物の段階（その最後は猿である）から、人間という一条の綱を歩んで、超人へと到るという移行が語られる。末期的段階の人間を、ニーチェは「末人（der letzte Mensch ＝最後の人間）」と呼ぶ（『ツァ』一・序説 五）。末人たちは、もはや未来への自己形成力を失い、「憧れの矢」を放つこともなく、隣人たちと身を寄せあって、温和に幸福に生き延びている。さきほどの反ダーウィン的な倒錯した淘汰の果てに、こうした頽廃的な末人が跳梁跋扈することになるとニーチェは見る。いうまでもなくこの末人は、現代の教養ある温和な市民の成れの果て――ヴェーバーのいう「精神なき専門人、心情なき享楽人」[36]――を戯画的に表現したものである。この末人を超克するのが「超人」であるとされる。とはいえ、これからの歴史的推移として、末人から進化して超人が出現するだろう、というわけではない。『アンチクリスト』によれば、

> 私がここで提起する問題は、生物の発展系列において人間のつぎに何がとってかわるべきか、ということではない（――人類は最終である――）。問題は、いかなる類型《タイプ》の人間を、より価値の高いもの、より生きるにふさわしいもの、より未来を確保するものとして、育成すべきか、意欲すべきか、ということなのである。（『反キ』三）

人類は最終であるとはっきり断定されるとおり、ニーチェは人類の生物学的な意味での進化を提唱しているのではない。むしろ、いかにして「より高い類型の人間」を選抜し育成すべきかが問われている。とはいえ、どのような類型がより高い価値をもつのかについて、既成の物差しがあるわけではない。それゆえ、ひとは新たな価値基準にそくした目標を、みずから設定せねばな

らないだろう。「人間がおのれの目標を掲げるべき時が来た」(『ツァ』一・序説 五)。しかし現状に満足しきった末人が、新たな人間類型をうみだす過酷な試練を引き受けるはずもない。むしろ現在に倦み、末人を軽蔑し、人間というものの没落を欲する者だけが、新たな価値基準を予感し、未来にふさわしい人間類型を望み見るだろう。超人とはこの新たな価値の理想型であり、人間がみずからを変形して実現すべき目標である。「人間とは動物と超人とのあいだに張られた綱である」(『ツァ』一・序説 四)という歴史観は、超人を望見する者が現在のおのれの存在理由を自覚するための構想にほかならない。

これに対して末人は、ヴェーバーの言い方をかりれば、「人間性のかつて達したことのない段階にまですでに登りつめたと自惚れる」[37]。この末人の見地からは、いまの近代の民主的な市民社会は理想的な最終段階であって、ここで歴史は、フランシス・フクヤマのいう「歴史の終わり」の意味において、本質的には終結している。しかも現状の社会秩序は、(たとえば社会契約論者が考えるように)もっぱら思考実験的あるいは制度論的な次元で正当化されうるから、現実の歴史的な由来はそもそも問題にならない。「かつては世界中が狂っていた」(『ツァ』一・序説 五)のであって、ようやく現代だけが正気の道徳的段階だというわけである。それゆえに末人は、ツァラトゥストラのえがく歴史を承認せず、綱渡り師を嘲笑する。

対照的に、(カント的な術語でいえば)超人の理想という人類史の「見地」を掲げるとき、その超越論的な観点からは、ついに末人へと帰結した倒錯の「普遍的歴史」が見えてくる。より価値の高い人間類型である超人を将来に実現すべきだという実践的使命に鑑みれば、否応なく、われわれが生きる現代は末人が没落すべき歴史的段階であり、人間の歴史はまだ途中であると自覚せざるをえない。この意味での歴史とは、没関心的な事実として与えられるものではなく、実践的当為をふまえて超越論的に洞察されるものである。

このような超人の歴史哲学は、ダーウィン的な進化論を主体化したところに成立するとも捉えられる。そもそも客観的な生物史としての進化それ自身は、人間の生にとってなんの意味もない。進化の歴史が生にとって有益なものになるのは、その歴史を主体化して、当事者としてその進化の歴史に実践的に関与するときである。いいかえれば、その歴史を我が事として引き受けて、そこに自己のアイデンティティの系譜を読みとり、それを踏まえて将来的な実践の方向を決定するときである。そのように主体化された意味での歴史哲学は、たんに歴史の哲学的構想というにとどまらず、その哲学的主体の歴史性あるいは歴史的使命についての自覚でもある。ニーチェのいう超人とは、哲学的に展望される歴史的将来の理想的な人間類型のことであるが、その真の意味は、その理想への歴史を生きる人間の自己形成力にこそ宿っている。

ダーウィンの生命の樹

ここまで本章では系譜学の方法論について、初期の歴史主義批判から説きおこし、ニーチェ独自の歴史的方法を探るというしかたで考察してきた。だがまた『道徳の系譜学』において、一般的な「歴史」ではなく、とりわけ「系譜学」を採用したニーチェの意図についても考えてみる必要があろう。その意図についてニーチェは明示的には語らないのだが、ここでもダーウィンの進化論がヒントを与えてくれるように思われる。

すでに触れたように「系譜学（Genealogie）」とは、ある現在の人物（あるいは家族）や文物（神器や紋章など）の権威を保証するために、家系や来歴などを過去に遡って跡づける手続き、ないしその学問である（あるいは、そのように跡づけられた系譜そのものを指すこともある）。古いところでは、たとえばホメロスの『イリアス』には、ヘパイストスから始まるアガメムノンの王笏《おうしゃく》の来歴が語られている（第二歌、百行目以下）。古代や中世では、王権の正統性を保証するために、ときには神にまで遡る血統が語られることもあった。もちろん、こうした系譜の物語も十九世紀には実証的な学問として整備されたわけだが、いずれにせよ、いかにも古めかしい学問である。いったいどこに、道徳批判の歴史的方法として「系譜学」なるものを採用する眼目があったのだろうか。

『人間的、あまりに人間的』の「歴史的哲学」のところで確認したように、道徳の歴史的探究にさいして、起源と目的とを同一視する形而上学的な偏見をニーチェは強く批判していた。このような同一視は、単純な器官が環境に適用すべく高度で複雑な器官へと進化するというラマルク式の進化論に対応するだろう。これに対してダーウィンは、変異によって形質が分岐して、それらの諸形質が適者生存によって選択される、と考える。

ダーウィンの『種の起源』には、唯一の図表として、各段階で熊手状に枝分かれしてゆく系統図が付されている。ダーウィンはこれを「生命の樹」とも呼ぶ[38]。この系統図においては、進化は単線的に一つの目的に向かって進むのではない。むしろ、各段階の環境において、偶発的な変異によって形質が分岐して、それらの形質のあいだで生存闘争が生じて、その環境での適者が選択される。その適者もつぎの段階ではまた分岐して、新しい別の環境への適応に即して選択される。こうして、ある段階での最適な形質が、つぎの段階ではまったく別の用途に転用されたりする（たとえば人類の進化において、当初は遠くを見たり果物を運んだりするのに役立った直立二足歩行によって、喉の構造が変わり、言語の発声が可能になったというのがその一例である）。

ある意味では『道徳の系譜学』は、これと同様の道徳の系統図の試みであるといえる。ニーチェによれば、人類は長い「慣習道徳」の時代を経て、僧侶的な道徳と騎士的な道徳に分岐して対立するにいたった（『系譜』一・七）。そして両者間の生存闘争の結果、僧侶的な価値評価だけが生き残り、こんにちの道徳的意識に繋がった。われわれの現状の道徳的意識の系統を、慣習道徳から分岐するところにまで遡っていけば、そこに見出されるのは騎士的な強者に虐げられる僧侶的な弱者のルサンチマンである。いかにしてその怨恨のエネルギーが価値体系の生存闘争を勝ちぬき、さまざまな転用や擬態をへて、こんにちの利他的な道徳にまで昇華されたのか。それがニーチェ的な道徳の進化論の試みである。

伝承史的方法による系譜学

ただし、ニーチェの考える「道徳の系譜学」は、別の観点では、ダーウィンの「生命の樹」とは逆向きの試みであるともいえる。道徳の系譜は単一の起源からさまざまに分岐するというより、複数の起源から現在の結果へと絞りこまれるからである。

ニーチェの方法論は、かつて「概念と感情の化学」とも称したとおり、ある所与の化合物を分解することで、歴史的な化合の過程を再構成することである。ニーチェの標的は（後期のニーチェが頻用する言い方では）「キリスト教道徳」であるが、次章以降で見るとおり、そこにはさまざまな慣習や思想が複雑に化合している。それは、太古の慣習道徳や、弱者のルサンチマン、僧侶の禁欲主義、パウロの神学、等々の痕跡の線が絡まりあった「象形文字」のようなものである。しかもそれぞれが、それ以前の慣行や概念を、あらたに再解釈して、意味を与えなおしたうえで、同化・吸収している。たとえばルサンチマンは、僧侶による方向転換によって、良心の疚しさへと再解釈されて、道徳的な誠実性の不可欠の構成要素になった。ニーチェの系譜学は、こうして複雑に偽装されて道徳に組み込まれた発展の諸系列を選り分けて、歴史的に位置づけなおすものである[39]。

生命の樹のように起源から分岐してゆく系譜と、さまざまな起源が複合して化合物となる系譜とは、道徳の歴史という同じ事柄への二つの異なったアプローチである。そのことは、ニーチェが古典文献学者として習得した「伝承史的方法」を考えてみれば、その手続きから容易に類推しうるだろう。伝承史的な研究では、原資料からさまざまな写本が分岐した過程を辿ることもあるし、いくつかの伝承資料が複雑に融合して成立したテクストを元の諸資料へと分解することもある。道徳の系譜学でも同様に、原初的な慣習道徳から変異的に分岐したさまざまなタイプの道徳を博物誌的に比較して、そこに現代の道徳を位置づける場合もあるし、逆に現代のキリスト教道徳へと再解釈されて化合した諸要素を分解して、さまざまな独立の諸起源へと遡源する場合もあって、双方向的に探求が進められるのである。

つまるところ道徳の系譜学は、道徳の変異的な分岐と、再解釈的な化合とを、歴史的に読み解く技法である。そしてそれは、「善悪の彼岸」という新たな将来への分岐を、あるいはそのための諸伝統の精神的結集を、望み見てのことである。

第二章

ルサンチマン

『道徳の系譜学』の第一論文

『道徳の系譜学』は、「道徳の価値」を批判的に判定することを課題とする。そもそも道徳とは、人間の性格や行為類型を価値づける体系の一つであろう。ニーチェの試みは、この道徳的価値の体系そのものが有する価値を問うことである（『系譜』序 五）。ここで新たな価値評価を導く観点は、ふたたび道徳的なものではない。ニーチェが導入する基準は、たとえば「人間という類型の力強さと華麗さ」である（『系譜』序 六）。これまで道徳的な善さと人間的な生の繁栄とは曖昧に一つのことのように考えられてきたが、ニーチェはそこに分割線を引いて再吟味する。しかもそのさい、個々の人間の生を評価するのではなく、人間を「類型（Typus）」として見て、その起源からの生成と未来へ向けての方向性を歴史的に評価するのである。

もちろん、「はじめに」で言及したように、ニーチェの批判はあらゆる道徳を根絶しようと試みるのではない。道徳の批判とは、人間類型にもたらす歴史的な効果に照らして道徳を区分けすることである。その分類の雛形は、前年に刊行された『善悪の彼岸』ですでに定式化されていた。『道徳の系譜学』の表題頁の裏には、「さきに刊行された『善悪の彼岸』の補足と解説として」と注記されている。その『善悪の彼岸』の第二六〇節は、「奴隷道徳」と「主人道徳」という二つの道徳の基本類型の対比を論じている。『道徳の系譜学』の第一論文「「善良と邪悪」、「優良と劣悪」」は、これを系譜学として大きく展開したものだといえる。とりわけ、第一論文では新たに「ルサンチマン」という鍵概念が導入され、ルサンチマンに基づく「価値転換」が主題的に論究されることになる。

のちに『この人を見よ』において回顧されるところでは、この第一論文が掘りおこす真理は「キリスト教の心理学」であり、「ルサンチマンの精神からのキリスト教の誕生」である（『見よ』系譜）。ショーペンハウアーの同情道徳にせよ、カントの定言命法の義務論にせよ、イギリス式の功利主義にせよ、近代の倫理学説の核心にはキリスト教の精神がある〔四・1〕。第一論文の課題は、そのキリスト教を駆動する心理学のなかに、ルサンチマンとその価値転換を読みとることである。とはいえ、より限定的にいえば第一論文は、ローマの圧政に喘《あえ》ぐイエスの時代のユダヤ人をえがくものであり、「キリスト教の誕生」へと到るルサンチマンの心理学を主題に据えている。キリスト教に固有の天才と害毒を仔細に解きほぐすのは、むしろ第二論文以降の課題となるだろう。

本章はおもに『道徳の系譜学』の第一論文の解釈にとりくむ。第1節では、「イギリスの心理学者」の考える「よい」の起源説と、それに対するニーチェの批判を見る。第2節では、その起源説にかわってニーチェの唱える「貴族的価値評価」を確かめ、そこにともなう哲学的な伝達の困難を見届けよう。さらに、その貴族的価値評価が道徳的に価値転換される様子を、ローマとユダヤの歴史劇にそくして確認する。第3節は、その価値転換の原動力である「ルサンチマン」を主題とする。イデオロギー戦による復讐の思想政治であり、同時に苦悩からの感情的な救済でもあるルサンチマンの心理学に迫りたい。第4節では、ルサンチマンの心理学のなかでも、とくに「自己欺瞞」に照準を合わせて論じる。ルサンチマンにおいて、ひとはみずからを意図的に欺くのであり、しかもその事実を抑圧している。

I　イギリスの心理学者の道徳起源論

レーとイギリスの心理学者

『道徳の系譜学』の第一論文は、「道徳の成立史」に関する「イギリスの心理学者たち」の仮説を批判するところから始まる（『系譜』一・一）。ただし、この「イギリスの」というのは、「イギリス流儀の」、「英国人かたぎの」といった程度の緩い意味であると考えたほうがよい。というのも実際にニーチェが念頭に置いていたのは、「序文」第四節で明示的に言及されるように、ドイツ人の友人であるパウル・レーの『道徳的感情の起源について』[40]だからである。

レーを念頭に「イギリスの心理学者」と呼ぶのは、もちろん第一義的には、レーの所説の内容が、ハチソンなどのイギリス・モラリストの道徳感情論の伝統に根ざすからであろう。しかしそれは表向きのことにすぎず、本当の繋がりは心理学的観察の態度にある。すなわちニーチェの見るところ、レーが見せるような内観的な詮索を背後から駆動しているのは、人間の内面の「恥部」を人目にさらそうとするイギリス流の露悪趣味なのである。心理学者たちは、立派に身繕いした道徳的な建前の裏側を意地わるく詮索し、そこに卑しい人間本性の数々を読みとる。そして、みずから暴露したおのれの低劣な素性にいささか落胆したふうに、顔には「一抹のペシミズムと倦怠」をまじえつつ、上品に肩をすくめて苦笑してみせる（『系譜』序七）——。そうしたイギリス式のモラリストの身振りそのものに、ニーチェは注意を促すのである。

前章で見たとおり、レーは『人間的、あまりに人間的』のニーチェにとっては先達であり同志であったが、ここでは批判すべき立場の代表格として槍玉にあがる。このようにニーチェがレー批判に転じた背景には、もちろんニーチェの道徳批判の方法論上の変更がある。まず指摘すべきは、「系譜学」の方法が前面に出てきたことによって、レーの道徳起源説における「歴史的精神」の欠如が鮮明になったことである。系譜学は、「人間の道徳的過去の、長く、解読しがたい象形文字の全体」を、すなわち擬態や融合や再解釈で織りなされた道徳の歴史を、読み解こうとする。これに対して「イギリスの心理学者」は、現代人の道徳的心性の表層を「心理学的観察」によって一皮めくれば、そこにそのまま「道徳的感情の起源」が見つかると思っている。道徳の「起源」と「本質」とを直線的に結ぶ点で、それは「本質的に非歴史的」(『系譜』一・二)というべき思考方法なのである。

『曙光』における道徳否定の二つの方法

さらに重要なのは、レーに対する批判的な態度は、新たな道徳批判の基本原理がはっきり見定められたことの結果だということである。『人間的、あまりに人間的』から三年後に刊行された『曙光』(一八八一年)は、「道徳的偏見についての考察」という副題をもつ。後年の『この人を見よ』においては、「この書によって道徳に対する私の進軍が始まる」と回顧されている(『見よ』曙光 一)。その『曙光』の一節に、「道徳の否定者には二つの種類がある」と題された文章がある。その前半でニーチェは、新旧二つの方法論を次のように定式化している。有名なくだりではあるが、長めに引用しておこう。

「道徳[41]（Sittlichkeit）を否定する」というのは、一つの意味では、ひとが自称する道徳的動機が実際にひとを行動に駆り立てたのではない、という否定のことである。——これはそれゆえ、道徳とは言葉だけのもので、ひとが演じる壮大で精巧な欺瞞（なかんずく自己欺瞞〈Selbstbetrügerei〉）に属するものであって、おそらくは美徳によって名高い人々の場合にとりわけそうであろう、という主張になる。また別の意味ではそれは、道徳的判断は真理に基づかない、という否定である。この場合には、道徳的判断が実際に行動の動機であることは認められるが、しかしそうなるのは、誤謬が、あらゆる道徳的判断の根拠として、ひとを道徳的行動へと向かわせるからである。これが私の観点である。〔……〕それゆえ私が道徳を否定するのは、錬金術を否定するのと同じことであり、つまりその前提を否定するのである。しかし私は、かつてこの前提を信じて、それに基づいて行動した錬金術師がいたことを否定するのではない。（『曙光』一〇三）

前者は「ラ・ロシュフコーの精神による〔……〕精緻な懐疑」（同前）がとる方法であり、レーの心理学的観察もこれに倣う。この懐疑的な詮索は、美徳と善行の奥にある本当の「動機」を見ぬき、欺瞞と偽善を暴露する。この場合には、非利己性を善いとする道徳判断が真理であることが承認されており、しかし動機のほうがその道徳的な判断基準から見て不道徳的なものであると指摘される。この批判は、批判の基準を批判対象そのものから得ており、内在的な批判であるといえる。もちろんこのようなモラリスト的な人間観察は有益なものであり、これ以後もニーチェは多くのアフォリズムをこの精神にそって書きつづけることになるだろう。

これに対して、ここで「私の観点」として定式化される方法は、これ以降のニーチェの道徳批判を導くことになる新しい方法であって、モラリスト的な方法とは正反対である。この新方法は、「道徳的判断」そのものが「誤謬」に基づくと指摘するのであり、動機のほうはその誤った道徳的判断から見て正しい（つまり道徳的な）ものでありうる。錬金術師は、愚かにも誤謬の体系を信じていたが、しかしそれは世間体を繕うために信じるふりをしていたのではない。錬金術と同じく道徳は、誤った法則や因果を信奉する体系であるといえる。このように見ることでニーチェは、道徳というものを、あたかも異国で出会った奇妙なタブーの集合のように、自然誌的に観察する視座を確保するのである。[42]

カントの仮言命法と定言命法

カント式の仮言命法と定言命法の分類にそってひとまず整理すれば、前者のモラリスト的な批判は、道徳的な行ないがじつは「仮言命法」に立脚していると暴くものだといえる。『道徳の形而上学の基礎づけ』の例でいえば、不慣れな客に法外な値段を吹っかけない店主は、内心ではたんに店の悪評をおそれて、長期的な信用のために自重しているだけなのかもしれない。その場合の誠実な商取引の命令は、商いの信用という仮言的な条件のもとでの勧告にすぎないのであり、真の隠れた動機はつまるところ私益にある[43](IV 397 f.)。

それに対して、ひとに対して誠実にふるまえという「定言命法」は、いっさいの情実にかかわらず無条件的に命令して、服従を要求する。たとえ倒産寸前の最後の客に対してであっても、誠実性の原則に背くことは許されない。カントによれば、道徳性はこのような定言命法に従うところに存するのであり、それを見かけだけの仮言命法の道徳から峻別することが倫理学の第一歩である。ニーチェの道徳批判は、この定言命法のほうに照準を合わせるものである。もちろん仮言命法の道徳につきものの偽善と欺瞞は、モラリストとしてのニーチェが鋭く見抜くところである。しかしここでの新たな問題は、道徳を道徳として尊重せよと迫る定言命法そのものが誤謬の産物なのではないか、ということなのである。

それにしても、ここは立ちどまって自問すべきところだろう。いったいここでニーチェのいう「誤謬」とは何のことであろうか。道徳的真理の典型例と見なすべき定言命法が誤謬だというのであれば、何が真理でありえようか。あるいは、もし道徳を誤謬というのであれば、何を基準にそう判定し、その基準を何によって正当化するというのだろうか。——この問いは、『曙光』の翌年の『愉しい学問』(一八八二年)において、「狂人[44]」が「神の殺害」を告げるとき(『愉学』一二五)、さらに先鋭化することになるだろう。広場の人々はまだ気づいていないが、「神の死」から帰結することになるのは、あらゆる既成の価値基準の失効だからである。神が支える形而上学的な価値秩序が消滅してしまえば、もはや真理も誤謬もなくなるだろう。

とはいえ、すこし先走りすぎたようである。この問いに答えるには、道徳の系譜を遡り、ルサンチマン的な価値転換の自己欺瞞を見届けなければならない。そのまえに、ひとまず『道徳の系譜学』の第一論文における道徳の成立史に戻ることにしよう。

イギリス式の「よい」の起源論

道徳の成立史においてまず問われるのは、「よい」という概念の起源である。すこし日常的な用法から考えなおしてみよう。「よい」という言葉は、だれがだれに言うのかという方向に着目すると、二つの類型があることがわかる。一つは、「今日は体の調子がよい」というように、自分のことを当事者として判定する場合である。もう一つは、「かれはいい人だ」というように、第三者的に別の人を判定する場合である。たいていの場合、後者の意味での「よさ」には、当のよい人にとっては前者の意味での「悪さ」が（部分的には）含まれる。限られた資源のもとで、利他的なよい行ないは、当人の不利益を犠牲になされるからである。それだから日常的にも、ある人を「いい人」と褒めそやすのは、善人という箍《たが》にはめることであり、いささか申し訳ないような気がするものである。ひとの善さを褒める道徳的賞賛には、一抹の悪意がこめられているのが常であろう。

「イギリスの心理学者」は、このような「よい」の二義性に着目して、後者の意味から前者の意味へと「よい」が転化したというように、道徳的感情の起源と成立を考える。ニーチェはそれを以下のように再構成して、要約している。

> もともとは非利己的な（unegoistisch）行為を提供された人々、つまりその行為から利益を受けた人々の側から、そのような行為を賞賛して、よいと名づけたのである。その後、このような賞賛の起源が忘れられた。そして非利己的な行為は、たんに習慣的にいつでもよいと賞賛されてきたという理由で、よいと感じられるようにもなった。――あたかもその行為がそれ自体でなにかよいものであるかのように。（『系譜』一・二）

「よい」の起源は、非利己的ないし利他的な行為によって利益を享受した人々が、その行為をよいと呼んで褒め称えたところにある。味を占めた受益者たちが、その利他的な行為を賞賛しつづけたことで、やがて「よい」のレッテルが独り歩きして、もともとは煽《おだ》てる言葉だったことが忘却されて、そうした行為をよいと呼ぶ習慣だけが残る。ついには、利他的な行為そのものが間違えてよいと感じられるようになり、最後には行為者自身がみずからの利他性をよいと感じるようになる、という筋書きである。

　これは道徳的な価値の根底に「「利益」、「忘却」、「習慣」、最後に「誤謬」」を読み込もうとする議論であり、ニーチェにいわせれば、「イギリスの心理学者の特異体質のすべての典型的な特徴」を備えている（同前）。正義や道徳といった人間理性の金看板の裏側に、他人の非利己性から私益を貪ろうとする打算的な欲望を見つけだす意地悪さは、ホッブズ以来のイギリス哲学のお家芸である。あるいは、「習慣」、「忘却」、「誤謬」は、ヒュームの因果論を想起させるだろう。因果性という王者的な法則性の起源に、継起的な知覚による習慣づけ、習慣という起源の忘却、因果的に捉える傾向の形成、その傾向の誤った客観化（対象化）を読みとるのが、ヒュームの議論である。これと対比していえば、道徳の場合は最後の客観化が逆になる。つまり「よい」の賞賛と利他的行為との結合が習慣になることで、賞賛的な感情を誤って主観化（内面化）してしまい、自己の利他的行為をよいと思うようになるというわけである。

忘却という自家撞着

このような仮説は、とりわけ「忘却」のところで、「心理学的な自家撞着」に陥っているとニーチェは指摘する（『系譜』一・三）。この仮説によれば、利他的な行為の受益者は、みずからが受けた利益を喜んで、利他的な行為をよいと呼んで賞賛した。その後もよい行ないに接するたびに、そこで享受される利益を再確認することだろう。そのように現前しつづける起源を、どうして「忘却」することができようか。善の本質が利他性そのものにではなく、それがもたらす私益に存するという事実は、よいと賞賛するたびに回帰してきて、くりかえし自覚されるのである。しかも行為者当人にとっては、利他的行為は害悪をともなうから、忘却はいっそう困難なはずである。道徳的な人は、いわば身銭を切って、よいと思われる行ない（善行）をするとき、そこに含まれる害悪の苦さを同時に味わわなければならない。その苦さは、他人の利他的な行為から利益を享受するときの甘さと、くっきりとした対照をなして自覚されるだろう。

賞賛という起源の忘却が一般に不可能だというわけではない。たとえば、「お綺麗ですね」と褒められて、自分が綺麗だと思い込むことはありうるだろうし、相互におだてあって美学的なうぬぼれを仲間うちで共有することも（すくなくとも一時的には）可能であろう。これが可能なのは、美的な賞賛を得るために、身銭を切るという害悪を我慢する必要がないからである。身銭を切ったわけでもないから、美の賞賛はたんなる阿諛追従にすぎないということを忘却して、懐を痛めずに悦に入ることができる。これに対して、利他的な行為は、身銭を切る当人にとって苦々しいものであり、「よい」の本当の起源が利他性そのものにはないことを、どこまでも告知しつづける。

とはいえ、もちろん通常の道徳的意識においては、非利己的にふるまう当人は、おのれの行為を善いものだと自任していることだろう。その理由を「忘却」に求める仮説が自家撞着なのであれば、どこに理由を求めるべきだろうか。ここはカントの誠実な店主の例を思い起こすべきところだろう。店主の誠実な商取引は、短期的な損失を補うに十分な、長期的な商売の儲けが見込まれるという理由に求められる。この例が教えるように、一般的にいって、当人にとっての害悪を含んだ善行のよさを担保しているのは、互恵性の原理によって期待される他者の利他的な行為であり、そこで享受しうるはずの私益である。我欲なくふるまう道徳的な人は、当座の実際的な害悪を、見返りに期待される私益によって隠蔽する。この隠蔽の結果として、道徳的な善という空虚は、可能的な利益の期待値によって充塡されることになる。このような手続きを意識下に抑圧したところに、われわれの通常の道徳的意識は成り立つのである。

利他的行為による利益の享受に着目する心理学の仮説は、そもそも道徳というものを、市民社会における仮言命法的なルールの体系として捉えている。このゲームにおいては、ひとは社会のなかで承認・援助されるために、みずから非利己的に行為してみせる必要があり、それが道徳的な意味で善い行為である。みなが善くふるまえば、親切と互恵がいきわたって、功利主義的にも是認しうる社会になるだろう。このような道徳的善は、帰結として期待される価値を先取りして、その期待値をおのれの正味の価値として見せかける紙幣のようなものである。しかも、正直者が馬鹿をみるような場合には、紙幣の価値が兌換されないことさえある。それでも仮言命法の体系がかろうじて道徳として妥当するのは、その善に実質的な価値がないという公然の秘密を、みなが忘れたふりをしているからである。

しかし、当然ながら「忘れたふり」は「忘れた」ということと同義ではなく、むしろその反対でさえある。忘れたふりをするためには、忘れるべきものを忘れずに心にとめておかなければならないからである。実際のところ、正常な大人は、利他性の善は帰結として期待される私益に存するという事実を、うまく忘れたふりをしている。その事実を記憶にとどめなければ、ひとはどこまでも馬鹿正直な愚か者になってしまう。他方で、その事実がじかに意識にのぼらないよう隠蔽しておかなければ、みずからの道徳性を誇らしく自覚することができない。「心理学的な自家撞着」とは、このような記憶と隠蔽からなる自己欺瞞的な葛藤の状態にほかならない。この葛藤の状態は、なにも特異な例外ではなく、むしろ仮言命法の道徳を支える心理学的な動態として遍在するものである。

「イギリスの心理学者」の道徳起源論は、こんにちの道徳意識を仮言命法の体系として捉えかえしたうえで、その意識の表面の薄皮を、露悪的な心理学的観察によって、一枚めくって見せているにすぎない。そこに見出されるのは、忘れたふりをして、だれも忘れていない、公然の秘密である。それゆえこの起源説は、心理学的に再構成された道徳意識の表裏を往来しているだけで、その歴史の古層に立ち入ることのない、非歴史的な思考方法の産物なのである。

2　貴族的価値評価と価値転換

政治的な貴族と価値評価

これに対してニーチェの系譜学は、近代的な道徳意識の表層から、「人間の道徳的過去の、長く、解読しがたい象形文字の全体」へと遡るものである。そのような歴史的な遡行のためにニーチェが手がかりにするのは、さまざまな国語における「よい」の語源である。古典文献学者らしい博識を披露しつつニーチェは、さまざまな国語の「よい」の語源にはつぎのような「共通の概念変化」が見られると結論づける。すなわち、「身分を表わす意味での「高貴な」、「貴族的」が根本概念であり、そこからかならず、「精神的に高貴な」、〔……〕「気位が高い」〔……〕という意味での「よい」が発達してきた」(『系譜』一・四)。

この語源的な考察が正しければ、受益者からの賞賛に「よい」の起源を求める「イギリスの心理学者」の仮説は成り立たないだろう。「よい」という言葉の起源は、膝を屈して感謝を捧げる受益者からの賞賛にではなく、政治的に高い階級に属する貴族的な人々の自己評価に求められるからである。高位の貴族にとって、善意からの施しは感謝すべきものではなく、体面を汚す侮辱として断固拒絶すべきものである。かれらが尊ぶのは利益の多寡ではなく、みずからの位階の高さであり、下位の者からの距離なのである。系譜学的に最初の価値評価は、そのような貴族たちが精神的にも高位にあることを自任して、みずからを「よき人々」と呼んで讃えたところに由来する。

高貴な人々、権勢ある、高位の、気高い人々が、おのれ自身とおのれの行為を、よいと、すなわち第一級のものと感じて、すべての低劣なもの、性根の下劣な、卑俗で賤民的なものと対比した。かれらはこのような距離の感情（Pathos der Distanz）から、価値を創造し、価値の名前を刻印する権利をはじめて獲得したのである。（『系譜』一・二）

このような貴族的価値評価においては、政治的な権力者が「価値の名前を刻印する権利」を有している。価値の命名は「支配者の権力の表出」であって、支配者が自己肯定的に「よい」と宣言することそのものが、「名前を与える主人権」としての政治権力の行使である（同前）。正義や進歩の名を独占するのが戦争の勝者であるのは、こんにちでも同じことである。価値の術語は政治権力の一部である。この洞察は、のちに奴隷道徳の善と悪をめぐって、はるかに複雑なイデオロギー闘争を分析するのにも活かされることになるだろう。起源における貴族的な「よい」の命名は、このような政治的な価値評価の、もっとも粗野で単純な事例だといえる。

社会と精神における「距離の感情」

ニーチェはこの貴族的価値評価に、「いっさいの価値の価値転換」のプロジェクトを導く新たな価値評価のための、記念碑的な原型を求める。いきおい、この貴族的な「よい」がツァラトゥストラの掲げる新たな価値そのものであると解釈されることも多い。だが私の見るところ、そのような解釈は、後述のキリスト教の「自己超克」〔三・4〕という契機を度外視して、たんなる古代復興を唱道する点で短絡的であり、ニーチェ的な「高貴さ」の系譜学的な成り立ちを見損なうものである。この点は追って見ることにして、ここでは次のことに注意したい。すなわち、たしかに貴族的価値評価には自律的な自己肯定の原型のようなものが認められるが、しかし注意すべきことに、その自己肯定は単独の内在性において妥当するものではなく、評価の対照像としての他者に依存的である。この依存性の回路が、貴族的価値を侵食する恐れがあるように思われる。

利他性の賞賛へと「よい」の起源を遡る仮説では、他者への価値付与をつうじて間接的に私益の充実が図られる。この場合には、そもそも価値がまず他者のほうに貼りつけられているという意味で、「よい」は他者依存的である。それに対して、貴族的な「よい」は直接的な自己肯定であって、これは他者から独立した価値評価であるかのように見えるかもしれない。だがじつのところ貴族的価値においても、比較対照のための他者を欠いては、差異の意識がうまれず、自己をよいと際立たせることは難しい。というのも貴族的な自己肯定は、ニーチェの言い方では、他者を「劣悪な（schlecht）」ものと見下す「距離の感情」が芽生えて、はじめて育つことができるからである。それゆえ貴族的な価値評価には、劣悪な他者を蔑むことで自己をよいと肯定するという媒介の回路があらかじめ仕組まれている。これは、「隣の芝生は青い」を反転させた、「わが家の芝生は青い」とでも表現できる回路である。この意味で貴族的な「よい」は比較の土俵に囚われており、意外なことに、「劣悪な」他者に依存して成り立つのである。

　もちろんある意味では、このような他者依存性は道徳史のはじめの段階においてのみ見出されるもので、自己のうちへと精神化されることによって克服されるものだともいえる。『善悪の彼岸』の第九章「高貴（vornehm）とは何か」は、その冒頭で「「人間」という類型を高める」という「貴族的社会の仕事」について語っている（『彼岸』二五七）。厳しい身分的な位階秩序のもとで、主人としての「貴族」は、「奴隷」を隔離し支配するという持続的な経験から、位階的な「距離の感情」を抱く。そして、このような位階の感情体験から、ついに貴族は「魂そのものの内側につねに新しい距離の拡大をめざす要求」を胸に抱くようになる。これは、社会的な位階の高さと距離に当たるものを人間精神の内側でつくりだすことで、「持続的な「人間の自己克服」」を実現するという課題である（同前）。ニーチェの系譜学の洞察が教えるところでは、このような人間の高貴で輝かしい哲学的使命の自覚には、奴隷制をともなう身分社会という重苦しい歴史が隠れているのである。

　ここで問われるべきは、貴族的な「よい」という価値評価は、過去の系譜上の一段階においてのみならず、じつのところ本質的にいつまでも、社会階層的な意味での奴隷を必要とするのではないか、ということであろう。ヘーゲルの『精神現象学』（一八〇七年）における、いわゆる主人と奴隷の弁証法[45]が教えるように、主人が奴隷を見下して、その対比によって自己を肯定するのであれば、主人は奴隷に補助されてようやく「よい」と独り言《ご》ちるのであり、いつのまにか奴隷のほうが価値評価の主体になってしまうだろう。それによって、「主人道徳」はいつのまにか「奴隷道徳」に価値の主導権を奪われてしまうはずである。

おそらく『道徳の系譜学』の第一論文は、この問題に十分に答える用意がないようである。ひとはいかにして、いわばヘイトの捌《は》け口がなくとも、おのれの精神の内側での距離の感情によって、みずからを自己肯定的に評価することができるのか。この問いはつづく第二論文において、「約束をなしうる動物を育てる」という課題にそくして考察されることになる。

言葉の卑俗さ

貴族的価値評価における他者依存性には、言語論的とでもいえる、もうひとつ別の問題系がつきまとっている。高貴な人がみずからを「よい」と呼ぶとき、比較の距離のための劣悪者だけではなく、たがいにそう呼びあう仲間が必要である。「よい」というのは一つの言葉であって、ウィトゲンシュタインの反「私的言語」論が教えるように、ひとはひとりで自分のことを「よい」と名づけて、伝えることはできない。そのような孤独な名づけには、たとえば自分のある種の気分に符牒をつけるのと同じことで、伝達可能性が欠けている。高貴な人々がそれぞれ独自の基準で自己を「よい」と呼んでも、そこには尊大な独語の呟きが溢れているにすぎず、ニーチェのいう「よき人々」（複数形）になるわけではない。

そもそも言葉は、なにか同じものを、等しく同じ名前で呼ぶところに成り立つ。「言葉は平均的なもの〔……〕のために考案された」のであり、「平俗化」をともなって伝達される（『偶像』逍遥二六）。価値評価の場面では、そのような言語の平俗化と公共性の圧力によって、だれにとっても等しく感じられるような行為類型を選びだして、それを共通の名で呼ぶことが強いられることになる。たとえば利他的な行為は、人々がそこから受ける利益とその感動に共通性があるからこそ、利益を受けた人々は等しくその行為を「よい」と名づけて、同じ名で呼ぶことができたわけである。「よい」という公共的な価値を可能にしたのは、利益を授けられたときの人々の喜び方の共通性、いわば受益の感動の「共通感覚《コモンセンス》」である。

ニーチェの否応なく敏感な嗅覚は、そこに「卑俗さ（Gemeinheit）」を嗅ぎとってしまう。『善悪の彼岸』二六八節は、「結局、卑俗さとは何か」と問い、言葉そのものにその淵源を見出している。ニーチェによれば、民族が生き残るために、人々が「同じ言葉」を「同じ種類の内的体験」に適用して、腹の底までたがいにすばやく理解しあうという必要が生じてくる。そのために、内的体験の質に、そしてそれを感じる心に、公共性の同調圧力が掛かるようになる。

ある人の価値評価は、当人の魂の構造をいくらか推測させるし、魂がどこに〔……〕本当の困窮を見出しているかを伝える。さて、これまで困窮によってたがいに接近したのは、同じような記号で同じような欠望や体験を示唆することができた人々だけであるとすれば、全体としては以下のようになろう。すなわち、困窮を容易に伝達しうること、結局のところたんに平均的で卑俗なたぐいの体験をするということが、これまで人間を左右してきた暴力のなかでも、もっとも強力であったにちがいない。（『彼岸』二六八）

言語的な公共性それ自身が魂の卑俗化を、「類似への前進（progressus in simile）」としての淘汰を強いるのである。そもそも「魂のもつ諸価値の位階秩序」によって、どのような感情や困窮が言葉をつかみ、発言権をもつのかが決まる。それだから、言葉で内的体験が伝達可能であるためには、魂の内的な位階秩序の構造がたがいに類似していなければならない。異なった構造の魂のあいだでは、ある内的体験に付けられたらしい同じ名が、ときに致命的に別の体験を指すからである。それゆえに、言葉の流通にともなって、同じような位階秩序をもつ平均的な魂が、類似した体験をもち、それを同じ言葉で伝達しあうという「卑俗さ」の圧力が、ますます強力に人々を押しつぶすことになる。

懸案の「よい」という言葉は、魂が何を最初に肯定し追求するのか、その最初のものを教えている。そのひとの魂では、利益の享受の感動に最初の発言権があるのか、それとも精神の高貴さの自覚と自己肯定こそがなにより優先するのか。ひとはなにかを「よい」と評価するとき、みずからの魂の位階秩序の全貌について、その突端を示すというしかたで先鋭的に伝達しているのである。それゆえにこそ、「何がよいのか」という問いに共通の答えを与えることは、共同体の設立と維持にとって死活的に重要である。異なった「よい」の理解は、その人がなにか訳《わけ》のわからない魂の位階秩序をもつ異端者であることの証しである。異端的に高貴な人はつねに卑俗化という公共性の圧力にさらされており、より高い人間の育成のためには、それに対して「巨大な抵抗力を呼び覚ます」ことが必要だと、ニーチェはこの一節を締めくくっている。

貴族的価値評価と「自分で考える」

言葉は、伝達のためにたがいの魂の位階秩序を揃えることを要求するのであり、本質的に卑俗である。このニーチェの洞察をふまえるなら、貴族的価値評価による「よい」には、遂行論的とでもいうべき矛盾が伴うことになる。というのも、貴族的な「よい」は、距離の感情に基づく例外的な高貴性の自覚でありながら、それが発話行為として遂行されて伝達されるときには、にかよった魂の位階秩序をもつ仲間たちを必要とするからである。その仲間たちが、劣悪な人々との巨大な距離を感じながら、たがいに類似した高貴な精神を「同輩の間で（inter pares）」（『系譜』一・一二）讃えあうからこそ、その公共的な言語空間において貴族的な意味での「よい」が流通するのである。

　このような困難は、じつのところ見かけ倒しの疑似問題にすぎず、深刻に受けとることもないのかもしれない。というのも、忌むべきは良識と同情の名のもとで魂の平準化・同質化を追求しようとする態度としての卑俗さであって、精神的な位階を高めようと努力する高貴な人々の同輩意識は、「人間の自己克服」を活気づけこそすれ、阻害するものではないからである。じっさい、大きく見れば『道徳の系譜学』とは、卑俗さを道徳的に肯定するような末人的イデオロギーに対抗する政治闘争であるとも総括しうる。いいかえればそれは、精神の高貴さを追求するような文化を擁護し促進するプロジェクトである。この意味での文化とは、通念としての思想、共有される価値体系のことである。そのような高貴な文化のための政治闘争にとって、言語的な伝達の基礎となる共通感覚は、むしろ積極的に活用すべき所与の条件であろう。

とはいえ他方では、言語の本質的な卑俗さは、高貴という理想が先鋭化するにつれて、ニーチェ自身にとっても手に負えないアポリアとして自覚されていたように思われる。そのことは、『道徳の系譜学』の第二論文の結末にも覗われるだろう。第二論文の最終節は、大いなる真昼という未来を語るのは「ツァラトゥストラにのみ許される」として、いささか唐突にも見える「沈黙」の自己規制によって打ち切られるのである（『系譜』二・二五）。それはあたかも、高貴な精神はみずから体現してみせることだけができるのであり、語り伝えて普及するようなものではないという反省が、不意にニーチェに襲ったかのようである。

このような事情は、「自分で考える」という啓蒙の精神を上から教育するさいの困難と似ている。カントの論文『啓蒙とは何か』（一七八四年）が教えるように、啓蒙のモットーは「おのれ自身の知性を使う勇気をもて！」である（VIII 35）。しかし、そのように「自分で考える」ことが大事だと学校で教えられて、なにも考えずにその教えに従うとき、生徒は「自分で考える」という精神を肝心な点で裏切っている（その証拠に、自分で考えるのを許されるのはお行儀のよい範囲だけである）。他人の指導から独立におのれの知性を用いるという勇気は、臆病な人々を説き伏せて、強制的に所有させるようなものではない。むしろ啓蒙の勇気は、すでに自分で考える独立心を備えた人物が、その自由な思考を言論によって体現してみせることによって、いわば飛び火するように公衆のあいだに広がるのである[46]（VIII 36）。

パロディとしてのツァラトゥストラの説教

にもかかわらず、『ツァラトゥストラ』の序説で語られるように、ツァラトゥストラは「没落」する。すなわちツァラトゥストラは、孤独な思索を楽しむ山籠もりを捨てて、街の広場へと下り、超人についての説教を始めるのである。「私はあなたたちに超人を教えよう」（『ツァ』序説 三）。もちろん広場に群がる末人たちはその説教を嘲笑し、むしろ綱渡り師の曲芸に喝采を送るありさまで、ツァラトゥストラは失意のまま街を去ることになる。だが、これは当然の失敗であろう。末人の耳に超人の教えを入れることは、そもそも無理筋の話だったのである。ツァラトゥストラと末人には、いわば魂の共約可能性がない。

興味ぶかいことに、悪名だかい『ツァラトゥストラ』第四部（一八八五年）では、王、学究、老教皇などの「より高い人々（höhere Menschen）」が、おびき寄せられるようにしてツァラトゥストラの山の洞窟のまわりに集い、説教と饗宴がくりひろげられる。この第四部の説教がうまくいくのは、これらの高等な人間たちが、かつてのツァラトゥストラの教説を金科玉条のごとく口まねして語る、いわばツァラトゥストラ主義の寄生者だからである。それゆえ第四部におけるニーチェは、あたかも序説で頓挫した末人への説教を、比較的ましな相手を得て挽回するかのようでありつつ、じつはその挽回をいささか馬鹿げたパロディとして演じて、悪意のある笑いを堪えているかのようである。[47]『愉しい学問』の第二版序文（一八八七年）で示唆されるように、ここでは没落の「悲劇（tragoedia）」にかわって、「パロディが始まる（incipit parodia）」（『愉学』序 二）。あるいはもっと裏を読めば、このパロディは、実際の文筆活動では思うように名声を得ることができなかったニーチェが、おのれを空想の名声で慰めつつ、その慰めを冷笑しているかのようでさえある。

いずれにせよ、ここには、高貴な価値評価における「よい」を言語的に伝達するさいの微妙な事情が現われている。高貴な価値は、卑俗な末人の魂には、まったくの異物として拒否反応を惹き起こす。それは本来、高等な人間にだけ伝達されることが許された思想である。しかしその伝達の場面を考えるとき、ニーチェにはどうしても、みずからの思想に付和雷同して擦り寄ってくるような人々しか思い浮かべることができない。おのれの個性と運命を肯定し、その独自の高貴性の自覚に成り立つだろうはずの貴族的な価値評価は、いざ言語的に伝達されて流通すると、貴族主義的なイデオロギーの思想言説に化けてしまう。そのような思想としての貴族主義は、しかし肝腎な点で、高貴であることそのものを裏切っている。そこでは言葉が通じながら、すべてが骨抜きになっている。高貴さをめぐる、このような表と裏のある事情を、パロディの仕掛けでニーチェは描きだしてみせるわけである。

僧侶と騎士、ユダヤとローマ

さて、貴族的な自己肯定の価値が系譜において原初的なものであったにせよ、やはり現在の道徳意識においては、非利己的行為がすなわち善行であり、まさしく「よい」と感じられる。もちろん現代でも、心のなかで貴族的価値評価の痕跡を感じる場面はあるだろう。たとえばスポーツの競技で勝ったときに勝者としてみずからを誇る感情は、それに近いかもしれない。とはいえ、そのような価値評価はスポーツの場面に限定されて許容されるものであり、優秀な選手だからといって社会的に善い人だとは見なされない。また、勝者がみずからを誇るのはよいとしても、敗者を見下し、劣悪と呼んで貶《おとし》めることには、いわば自己規制がかけられる。貴族的な価値評価はこうして片隅で管理されて、飼い慣らされているわけである。飼い主はもちろん、利他性を重んずる道徳的な価値体系のイデオロギーである。いまや高貴な善にかわって、道徳的な善が価値の主軸になっている。

このような価値評価の転倒はどのように生じたのか。つぎにニーチェが取り組むのは、この問いである。ニーチェの系譜学の見立てでは、そのような転倒をもたらすのは、ある社会の支配的な貴族層のなかでの、「僧侶」と「騎士」との対立である（『系譜』一・七）。社会の支配階級のなかにも、典型的な人間類型でいえば、瞑想的な「僧侶」のタイプと、戦闘的な「騎士」のタイプがいるが、両者はおのずから分岐して、別々の社会集団を形成することになる。この二つの集団は、さまざまな論功行賞の場面で政治的に対立し、相争うだろう。この抗争のすえに、僧侶の作りあげた道徳的な価値体系によって、騎士的な貴族が尊重していた価値評価が転覆されるに到るのである。

ニーチェはただちに、このような僧侶的民族の「最大の例」として「ユダヤ人[48]」を挙げて（同前）、のちに価値評価の抗争を「ローマ対ユダヤ、ユダヤ対ローマ」として定式化する（『系譜』

一・一六）。これはいってみれば、プラトンの『国家』篇の趣向を援用したもので、社会内の人間類型的な価値の抗争のような「小さな文字」[49]（368D）を読みとるのは難しいから、それを民族間の対立の歴史劇へと大きく広げて、見やすくして論じようという仕掛けである。

ただし、ここで注意してほしいのは、ユダヤとローマとの対立はあくまで一つの「例」だという点である。たしかにユダヤとローマは、キリスト教の問題も絡んで、歴史的に最大の重要性をもつ事例である。しかし価値評価の抗争は、過去の一回の事件で決着したのではなく、むしろ社会があるかぎり、その社会内での人々の体質や性格の類型的な相違によって、つねに新たに現在的に生成してくる。ニーチェは誤解を避けるべく、慣習道徳を形成した「先史時代」について、それは「どの時代にも現にある、あるいは再びありうるもの」だと注記している（『系譜』二・九）。それに倣えば、ユダヤとローマとの対立は、どの時代の、どんな社会にも現にある、あるいは再びありうるものだといえるだろう。

それどころか、このような価値の抗争はいつでも個人の心のうちにあるといえる。ニーチェによれば、こんにち高い精神的な本性の持ち主を見分ける基準になるのは、その人のなかで価値が「分裂していること、いまだなお現実にあの〔価値の〕対立の戦場であること」にほかならない（『系譜』一・一六）。そもそもニーチェは人間の魂というものを、一つの単純体としてではなく、さまざまな力や情動からなる戯れとして見ていた。ユダヤとローマという巨大な歴史的事件において象徴化される価値評価の抗争は、もっとも「小さな文字」としては、魂のうちで異なった性格をもつ諸力の相克的な戯れとして、それぞれの個人の道徳的意識に現在しているのである。ニーチェの試みは、大きな歴史劇の仕掛けによって、現代人の意識に埋め込まれた系譜の襞を触発し、覚醒させることにほかならない。

ユダヤ人による価値転換

「ローマ対ユダヤ、ユダヤ対ローマ」という抗争は、歴史的な時代としてはおよそ、ユダヤが紀元前六三年にローマに征服され、シリア属州に編入されたころから、キリスト教の誕生をへて、ついに紀元三九一年にキリスト教がローマ帝国の国教になるに到るまでのことである。ユダヤの人々は、ローマの屈強な軍隊に征服され、虐げられた。いくども暴動を起こしては鎮圧され、そのつどさらに酷く弾圧されるばかりであった（有名なのは紀元六六年から七〇年のユダヤ戦争である）。ニーチェによれば、軍事的にはひたすら無力な、しかし精神的な智略《ガイスト》に富んだユダヤ人は、これに対してある卓抜な手段で対抗した。

ユダヤ人、あの僧侶的な民族は、その敵と征圧者に対して、つまるところ唯一の手によって、すなわち敵の諸価値の根本的な価値転換（Umwertung）によって――これはもっとも精神的な復讐の行為である――、報復をなしえた。〔……〕ユダヤ人こそは、貴族的な価値の等式（よい＝高貴な＝力強い＝美しい〔……〕）に対して、怖気《おぞけ》を覚えるほど的確な狙いで転倒を敢行し、底なしの憎悪（無力の憎悪）の歯を立てて、その転倒をかたく保ったのである。

（『系譜』一・七）

ローマの貴族的な価値評価では、戦いに勝つ強者がよいのであり、弱い敗者は劣悪である。もちろんユダヤ人にとっても、負けて弾圧に苦しむことが悪いのは当然である。とはいえ、軍事的にローマに勝つことはユダヤ人にはできない。ゲームに勝てないユダヤ人は、ここで途方もない智略を働かせて、ゲームのルールのほうを変更するという奇策を案出したのである。[50]もともとの軍事的なゲームでは、戦いの勝者がそのまま善の価値を担うが、新たな道徳的なルールでのゲームでは、他者危害こそが悪であるから、弱者に危害を加える勝者はじつは悪いのであり、それに対して被害にじっと耐える者が善であると設定される。

こうして、貴族的な価値の対概念であるgut（良い＝優秀な）とschlecht（悪い＝劣悪な）にかわって、新たな道徳的な対概念であるgut（善い＝善良な）とböse（悪い＝邪悪な）が登場してくる（以下では便宜的に、道徳的な「よい」には「善い」という漢字を当てる）。後者の道徳的な概念配置のもとでは、高貴で美しい貴族のほうに「邪悪」のレッテルが貼られ、逆に奴隷的に虐げられてきた弱者が「善」の表象を独占するわけである。これは価値をめぐる奴隷たちの蜂起によって、貴族的な価値の体制が転覆された事件であるといえる。「ユダヤ人とともに、道徳における奴隷蜂起が始まる」（同前、また『彼岸』一九五）。

笑劇？　三日天下？

ここで「価値転換」について、ひとこと挿《はさ》んでおきたい。「価値転換」は後期のニーチェ哲学の鍵概念の一つである。『道徳の系譜学』の巻末ちかくでも、「いま準備中の『力への意志——いっさいの価値の価値転換の試み』という著作」と予告されるとおり（『系譜』三・二七）、ニーチェはおのれの最後の哲学的プロジェクトを、「価値転換」という概念で集約的に理解していた。いうまでもなく、この予告された著作は完成せず、膨大な量の遺稿だけがのこされた。この遺稿群がその後『力への意志』として編纂され、ハイデガーのニーチェ解釈などに活用されたことも周知のとおりである。

しかしここで注目したいのは、最初の「価値転換」の遂行者はニーチェその人ではなく、ユダヤ人だったということである。ここでいう「ユダヤ人」とは、ある種の精神類型をニーチェが理想化したものである。系譜学によれば、そのユダヤ人による価値転換によって、貴族的な価値評価が転倒され、道徳的な価値体系が設定された。この道徳的な価値体系を、もういちど逆に価値転換しようとニーチェは試みるわけである。

だとすれば、ここでつぎのように問うてもよい。それではニーチェの試みは、ユダヤ的な価値転換という最初の原型を保ちつつ、それをたんに逆転させようとする、自作自演の二番煎じ（いわば二度目の笑劇《ファルス》）にすぎないのではないか。それはあたかも同じ革命史劇を、立場を入れ替えて再演するようなものであろう。そして、そうであるならニーチェの価値転換もまた、支配的な道徳の体制に対して「底なしの憎悪」を抱きつつ、智略によって「精神的な復讐」を果たそうとする、それ自身やはり奴隷的な試みであるのではないか。しかも、復讐を果たして貴族的な価値評価を復興したとしても、それはいつでも再度の「道徳における奴隷蜂起」の危険にさらされるだろう。ユダヤ的な価値転換が歴史上で実際に成就したことを思えば、ニーチェの価値転換による価値体系がいずれにせよ三日天下に終わることは予想に難くない。

こうしてニーチェの試みる「価値転換」は、じつのところ、いかがわしい来歴と素性をもち、勝算の見込みもかなり怪しいように思われる。ニーチェの「価値転換」に積極的な意義があるとすれば、それはほんらい何を意味するべきなのか。この問いに答えるためには、価値転換における「生の価値」の評価という厄介な問題にとりくみ、高貴さの形式的基準を明らかにせねばならない。これは追って第四章で論じることにしよう。

3　ルサンチマンの心理学

ルサンチマンによる価値転換

ユダヤ的な価値転換を読み解くためにここで導入されるのが、「ルサンチマン（Ressentiment）」という鍵概念である。[51] ルサンチマンという言葉はもともとフランス語であるが（モンテーニュなども使った）、十七世紀にはドイツ語に移入されていた。フランス・モラリストの伝統を重んずるニーチェは、道徳的な価値転換を分析するためにこの外来語を採用し、そこに独自の奥行きを与えた。マックス・シェーラーが『道徳の構造におけるルサンチマン』[52]（一九一二年）においてニーチェの「発見」を高く評価したこともあり、こんにち広く用いられる哲学概念になっている。

「ルサンチマン」の邦訳としては「怨恨」、「反感」などがあり、あるいはニーチェの用法を汲んで「内攻的復讐感情」と説明されることもあるが、ここではカタカナでルサンチマンと表記しておく。ルサンチマンはつぎのように『道徳の系譜学』に登場してくる。

> 道徳における奴隷蜂起が始まるのは、ルサンチマンそのものが創造的になり、価値を産みだすときである。このルサンチマンを抱くのは、本来の反動（Reaktion）、すなわち行動における反動を禁じられたために、もっぱら想像上の復讐によって埋め合わせようとする人々である。（『系譜』一・一〇）

ニーチェのルサンチマン論の特質の一つは、内心における想像の論理に光を当てたことだろう。ローマに虐げられたユダヤ人は、もちろん軍事的な報復を渇望するが、しかしその試みはいくども無惨に失敗した。もはやユダヤ人には、いわば「死んだふり」を偽装して、従順にふるまうことしか許されていない。こうして、本来は敵に対して外向的に発散されるべき復讐のエネルギーが、閉じ込められた想像の内側に反転してくる。その内面的な想像の世界において、弱者は強者に対する復讐劇を捏造するわけである。

しかしこれは幼稚な、その場しのぎの気晴らしにすぎない。というのも、無力なユダヤが強壮なローマに軍事的に報復するというような架空戦記のファンタジーを、聡明なユダヤ人が真剣に信じることなどできるわけもないからである。そこでユダヤ人は、ゲームそのものは捨てて、むしろゲームのルールを変更するという「価値転換」の道を選ぶ。すなわち弱者たちは、その「ユダヤ的な憎悪」（『系譜』一・八）によって「邪悪」という価値を創造し、暴力的な強者にその刻印を押すのである。敵の表象像は「肖像において（in effigie）」（『系譜』一・一〇）酷く歪められ、悪魔化されて、道徳的な共同体の外部へと疎外される。あの悪魔のような強者たちにはついに神罰が下るだろうという勧善懲悪の確信は、虐げられた弱者たちに限りない慰めを与えるにちがいない。

このユダヤ的な復讐は、現代の例でいえば、いじめられっ子の心理劇のようなものである。いじめられる子供は、現実のゲームで復讐できない鬱屈した気持ちを晴らすために、大人が教える道徳のルールをまじめに受けとって、いじめっ子はじつはかわいそうな悪い奴らだと考えようとする。ときには、それで一生懸命に勉強して、学歴でも出世でもいじめっ子を上回ることで、大人になって見返すというような将来像を思い巡らして、空想の未来予想図のなかで復讐をとげることもあるだろう。これは精神分析でいう「代償的満足」に近い心理的操作である。もちろんそれは子供だけでなく、大人にもひろく認められるだろう。

イソップの「狐と葡萄」の寓話[53]では、高いところに実っている葡萄に手が届かない狐は、あれはどうせ酸っぱい葡萄だと腐すことで、憂さ晴らしをする。ルサンチマン的な価値転換は、さらに根底的である。というのもルサンチマンの人は、酸っぱいことと甘いことの価値を転換して、甘いものを享受する者は邪悪であると考えるからである。ここでは、あの葡萄は甘いという個別的判断が否認されるのではなく、総じて甘さが善であるという価値観が否認される。そして、甘いものばかり食っている奴らは不摂生のあげく病気にでもなるだろうと空想して、代償的な満足を得るわけである。

ルサンチマンの矛盾と自己分裂

ここまでのルサンチマンと価値転換の筋書きは、読者の多くにとって、わりあい分かりやすいものだったのではないかと思われる。しかし私の見るところ、その分かりやすさは、われわれ自身がルサンチマンを抱えており（ニーチェを読むことで現実に対する思想的な復讐を企てるのがルサンチマンの一例である）、みずからルサンチマンの論理を駆動して、筋書きをすばやく読みとばしていることに由来する。もしも知性のある異星人が、この惑星の住民の心を覗きこんだとすれば、そこで見届けられるルサンチマン的な価値転換の心理学はじつに奇怪なものであるにちがいない。まさしくここでこそ、『道徳の系譜学』の冒頭での「われわれはおのれを知らない」という警告が厳しく当てはまるだろう。われわれは「認識者として」ここで立ち止まり、「みずからを尋ねて」、ルサンチマンの道筋をゆっくり辿ってみよう（『系譜』序 一）。

まずは素朴に問うてみたい。ユダヤ人はローマ的な価値を肯定しているのか、それとも否定しているのか。ローマ人はみずから高く尊ぶ諸価値――たとえば政治的優越、軍事力、経済的な富など――をユダヤ人から収奪して、独占している。この陰鬱な圧政のもとで、ルサンチマン的に価値転換を果たしたユダヤ人は、ローマ人を道徳的に糾弾する側に立つことになる。すなわち、政治的優越は尊大と傲慢の罪にほかならず、軍事力は非道な残虐さの証左であり、経済的な富は奸計と強欲の賜だ、といったぐあいである（『系譜』一・七）。そのように厳しく非難するのなら、ユダヤ人はローマ的な価値を跡形もなく否定しているのかといえば、どう見てもそうではない。

　というのも、ユダヤのもくろみは、道徳的な価値転換をつうじてローマに対して精神的な優越性を得ることであり、ついにはローマの独占物を奪還することだからである。ユダヤ人は、ローマ的な諸価値を羨望しながら、自分にはそれを普通に獲得する能力がないがために、そしてそのことを自分で認めたくないがために、あらたに道徳的なルールを設定して、そのルールのもとで勝利することで、想像的にローマに対して復讐を果たす。ここではローマ的価値は、一方では道徳的な価値基準にそくして否定されながら、他方では価値転換の政治の目標として積極的に追求されている。ユダヤ人は、ローマが独り占めする諸善を、残虐、強欲などといって断罪しながらも、そのじつそれらを断念することも、否定的に評価しなおすこともなく、もとどおり肯定しているのである。それゆえルサンチマンの人は、貴族的な諸価値を否定しつつ肯定している。ルサンチマンは肯定と否定という矛盾を内包しており、その論理は一筋縄ではいかない。

　この矛盾を読み解くには、レジンスター[54]が示すように、標榜されている道徳的価値と、その価値を推奨する動機に内在する価値との乖離に着目するのがよいだろう。たとえば、温和な利他性に善の価値を見出す人は、その価値を標榜することで、粗暴な戦士を蔑《さげす》み貶《おとし》めて、みずからの道徳的な優越感に快楽をおぼえる。しかし本来、温和な利他性という道徳的価値は、そのような他者支配の快楽を追求する価値観とは両立しえないはずである。すなわち、ルサンチマンの徒が道徳性を推奨するとき、その推奨は当の道徳性が非難し断罪するような価値によって駆動されている。いいかえれば、道徳的な優越性という迂回路をつかった復讐の戦略は、標榜された道徳的価値によっては禁止されているはずのものである。このようにして、ルサンチマン的に道徳的な人は、信じている（と思っている）価値と、実際に動機づける価値との乖離を抱えているのであって、それゆえに価値の人格的な統合性を失い、自己分裂の状態に苛まれている。道徳的な価値転換という精神的偉業は、そのような自己分裂をみずから利用することで、はじめて達成されるのである。

復讐の戦略として有効か

ルサンチマン的な価値転換とは、価値を独占する貴族を憎悪して、道徳的な価値評価の設定によって復讐を果たす試みである。この試みにおいて貴族的な諸価値はつねに肯定されており、それを道徳的に否定してみせるのは、いわば迂回路から攻め落とすためである。それゆえ、ここでは政治的・思想的な優越性の奪還という復讐が目的であって、道徳的な価値評価はそのための合理的な手段として選ばれたものにすぎない。しかしこのような再構成には、ウォレス[55]が問題提起するように、かなり疑義があるだろう。このように手段的な合理性をふまえて道徳を戦略的に採用したというのは、ルサンチマンの心理学としてはたして妥当なものだろうか。

まず、価値転換はそもそも復讐の戦略として有効かどうか、疑わしい。ルサンチマンによって達成されるのは、道徳のルールが支配する架空の場面における、あくまで「想像上の復讐」にすぎない。たしかにその架空の世界では、道徳的な善人は、「みずからの敵を見てから技巧的に〔自分の〕幸福を作りあげる」（『系譜』一・一〇）というしかたで、道徳的に劣後する貴族を踏みつけ、道徳的世界の勝者として栄華を極めることができる。しかし、それはどこまでも想像された空間のなかでの幸福にすぎず、現実にはユダヤ人はあいかわらず悲惨な圧政の下にある。それだから、かりに一時的にせよ空想の世界での道徳的な勝利によって憂さ晴らしできたとしても、その夢から醒めたとき、屈従の現実との対比はいっそうの悲惨となるにちがいない。

復讐を実効的かつ持続的なものにするには、道徳的な価値評価のイデオロギーを普及させて、貴族を洗脳し、みずから膝を屈するところまで追い込まなければならない。しかし、ここには問題があるだろう。すなわち、このような道徳イデオロギーの闘争に勝算があるとは、ユダヤ人にも思われなかったにちがいない、ということである。どれほど道徳のキャンペーンをはろうとも、やはりローマの貴族たちは、奴隷的というほかない道徳の価値観を、端的に無視するか、唾棄すべきものとして弾圧することだろう。あの気高いローマが貴族的価値をみずから捨てて、道徳のまえに頭を垂れるわけがない。だとすれば、道徳的価値転換による復讐という、まったく勝算の見込みのない戦略を採用しようなどと、狡知に長けたユダヤ人が真剣に考えたはずもないであろう。

もちろん、このイデオロギー闘争の結果は万人が目撃している。「勝利にいたるまでに二千年の時を要して」（『系譜』一・八）、こんにちでは道徳的価値観が世界を覆い尽くしているからである。この二千年の出発点にあるのはキリスト教である。キリスト教こそは、「まさにあのユダヤ的な価値への誘惑にして迂回路」であり、「復讐の真に大いなる政治の秘めた黒魔術」であるとニーチェはいう（同前）。それでは、いかにしてキリスト教は道徳的な価値転換を勝利へと導いたのか。この巨大な問いはここでは手に余るので、追ってあらためて論じよう［三・3］。いまは次の確認にとどめたい。すなわち、十字架でのイエスの死とその後のパウロの天才的な戦略を予見できなかったユダヤ人にとっては、道徳的な価値転換という戦略はまったく勝算のないものに見えたはずであり、政治的な手法《マヌーバー》として採用する合理性がなかったにちがいない、ということである。

道徳の戦略性は誠実さを破壊する

ルサンチマン的な価値転換の戦略には、さらに深刻な問題がある。すなわち、道徳的な価値評価は、たんに復讐の手段として採用された思想装置であると自覚されていたとすれば、その当人の信条として内面化されず、道徳としての役割を果たしえないのである。そもそも道徳的な価値評価の枠組みは、人生観や生活態度を根底的に一貫して規定するものであり、さらには生活のさまざまな局面での熟慮や選択を細部にいたるまで支配するものであろう。日常生活での行為の決定のなかには、打算的な考慮の猶予もないほどに即座の応答が必要な場合もある。このように道徳が生を原理的・全体的に統括する、しかも即応的に機能する枠組みでありうるためには、道徳はそもそも打算的な手段であったという記憶を消し去り、おのれの信条へと血肉化して、確信的に内側から生きなければならないように思われる。

さらに、道徳をまさしく道徳として内面化するには、道徳的な価値はそれ自身の理由によって尊重されるべき価値だと確信していなければならない。というのも道徳的価値は、その他のさまざまな諸価値に対して優越するという倫理的信念に裏打ちされることで、はじめて道徳的といえる独自の地位を有することになるからである。たとえば、他者危害を禁ずる法則を、自分の損得勘定との比較に基づいて適宜、破棄してよいと考えている人は、それを道徳法則として把握していないといってよい。義務にかなった行為は、カントが教えたように、「道徳法則への尊敬」に基づいて果たされるとき、はじめて道徳的な価値を有する。おのれを道徳的な次元で是認するためには、自分が道徳を尊重するのはそれが道徳的だからであり、それ以外の理由はない、という信念が不可欠なのである。

じつのところ、このような道徳的誠実性の信念は、道徳のイデオロギー闘争を貫徹するためにも欠かせないだろう。道徳の無制約的な優越性を信奉し、そこにおのれの全身全霊を懸けていると心底から確信している人だけが、偽りなき道徳的憤激とともに不道徳な貴族を糾弾し、真摯な憐憫の情をもって改悛を諭すことができるからである。禁欲的に全人格を道徳に捧げるという「真剣さ」あるいは「真面目さ」（『系譜』三・一一）を見せつけることによってこそ、みずからの特権的な幸福に疚しさを覚えるという「宿命的な誤解」（『系譜』三・一四）へと貴族を誘導しうるのである。

ルサンチマン的な価値転換を、道具的な合理性をもつ戦略として捉えるのには無理がある。道徳は復讐の政治のために戦略的に案出された手段にすぎないという自覚は、誠実さの自己意識を破壊することで、道徳的な生き方を不可能にするし、道徳的な非難と折伏の力を削ぐからである。むしろここでは、ビットナーやウォレスの解釈[56]をとって、価値転換とは、作為的に構築されたイデオロギーではなく、虐げられた弱者の苦境から発生する自然な感情的表現であると捉えるほうがよいのかもしれない。人間本性にそくした自然な感情回路による産物だからこそ、道徳的価値はルサンチマンの徒には本物の価値のように思われるし、そこに全人格的にコミットすることができる。

原始的な感情の表出としての価値転換

ルサンチマン的な価値転換が弱者の自然な感情的表現であるとは、どういうことか。さきほど見たようにユダヤは、政治、経済、宗教の諸局面で、ローマに諸善を独占されて、組織的な剥奪の境遇に置かれている。もちろんユダヤ人はその悲惨な境遇を嘆き、豊かなローマを憎悪するが、しかし同時に、ローマの優位とその貴族的な徳目を肯定的に高く評価し、どうにかして手に入れたいと欲望している。それゆえこのときユダヤ人は、ローマへの憎悪と尊敬、あるいは怨恨と憧憬が鬩《せめ》ぎあう両価感情《アンビバレンス》の状態に陥り、不安定で不愉快な精神的緊張を強いられることになる。ひとはだれしも、世界と自分の状況を都合よく解釈して、納得した安定的な感情の状態になりたいものであろう。これは人間の情緒的な本性から帰結する、原始的かつ基本的な心の欲求であると思われる。この欲求にそくしてルサンチマンの徒は、みずからの抱く精神的緊張を弛めるための、できるだけ自己弁護的な解釈の視座を求める。

もちろん、緊張から逃れるための一つのありうる解は、自分はこの悲惨な境遇にふさわしい劣悪な人間であると自認することである。しかしこれは、自己弁護的な感情の論理が許さない解であろう。しかもこの解では、なぜ自分がローマに憎悪と怨恨を抱くのか、その理由がわからない。否みがたく疼《うず》きつづける他者否定的な感情を正当化するには、ローマの貴族は本当は悪いのに、不当に善を独占しているのだと考えるとよい。そして、その本当の価値基準では善人である自分には、いずれ褒賞が与えられるはずで、今はそれが延期されているだけだと、自己治癒的に納得するのである。

結果としては、このような新しい善と悪の価値の表をひろく喧伝することで、ユダヤはローマの倫理的な権威を揺るがし、その優越性を奪いとることに成功する。ついにユダヤは道徳的規範の裁定者となって、ローマ帝国をその中心から支配するにいたるだろう。ただし、それはあくまで結果論であり、最初からそのような成果を見越して感情が動いたわけではない。むしろルサンチマンの徒は、憎悪と欲望との板挟みに苦悩したすえに発狂して、道徳的価値という妄想に情熱的に囚われたにすぎない。それだからこそ道徳性は、戦略的な小道具ではなく、心底からの願いであり、苦悩からの救済なのである。

貴族的僧侶と奴隷的大衆?

ルサンチマン的な価値転換を原始的な感情の表出であるとする読み方は、価値転換が戦略的合理性を欠くにもかかわらず採用され、その後、便法であるはずの道徳がひたすらに自己目的として尊重されたという事情を、うまく酌みとっているだろう。しかし、この読み方にはテクスト解釈上の致命的な問題がある。すでに引用したとおり、ニーチェのテクストは、智略に長けたユダヤ人が「復讐の真に大いなる政治」（『系譜』一・八）のために「道徳における奴隷蜂起」（『系譜』一・七）を企て、「怖気を覚えるほど的確な狙いで転倒を敢行した」（同前）と旗幟鮮明に語っているからである。価値転換が、意識的な戦略性をともなう価値操作と思想政治の技法であることは明白である。

この解釈上の難所は、どうすれば乗り切ることができるだろうか。ひとつの提案は、ユダヤ人のなかで、さらに貴族的な僧侶と奴隷的な大衆とを分割して、役割を整理することである。[57] ユダヤ人は「僧侶的な民族」であるといわれるが（『系譜』一・七）、それは僧侶が支配的な貴族階級を形成しているからであり、もちろん社会の大多数は大衆が占めている。このような社会階層をふまえると、怜悧な戦略的政治家としての僧侶と、感情に隷属する素朴な大衆という役割分担ができそうである。大衆は原始的な感情の論理に奴隷的に服従している。憎悪と欲望のアンビバレンスに苦悩し、ルサンチマンに突き動かされて、大衆は純真に、心底から道徳的な価値を信じ、そこに救済を託すにいたる。これに対して貴族的な僧侶は、感情的な大衆の心理学的特性を見ぬいたうえで、道徳的な善と悪の表を巧みに作りあげて、大衆に与えてやる。それは、道徳イデオロギーの普及によって、戦士的な貴族層の価値観を少数派《マイノリティ》に追い込み、倫理的な主導権を奪還するためである。

もちろんこのとき僧侶は、道徳的価値観の作為性や戦略性に自覚的である。僧侶は本心では道徳性を信奉せずに、もっぱら「俳優」として道徳を信じる演技をして見せているにすぎない。感化された大衆が純粋に道徳を信じるようになるのをシニカルな態度で見守りながら、僧侶は「復讐の政治」を冷徹に運ぶ。それゆえ僧侶は、復讐の秘めた大義のもとで、大衆の奴隷的な純真さを欺瞞的に利用しつつ、自身では信をおかないイデオロギーを教導しているのである。しかもこのとき僧侶は、自分が何をしているのかを自覚している。このようないかにも非道な自画像に、しかしなんの自己弁護も要せず耐えうるという点に、僧侶の精神的な高貴性が遺憾なく示されているといえよう。

この読み方の提案は、ひとことで「ユダヤ人」と称される民族の階層的な構造にメスを入れて、それぞれの役割を明確化したところが優れている。とはいえ他方、このように貴族的僧侶と奴隷的大衆を分けて整理するのは、そもそもニーチェの用語法と構図に合っていない。すでに述べたように、価値転換の由来は、ある共同体の貴族層のなかでの騎士と僧侶との争いに求められる。ニーチェはその争いをローマとユダヤをめぐる歴史劇へと大きく拡張して、貴族的なローマと奴隷的なユダヤという対比を作りだしたわけである。この対比においては、僧侶貴族も大衆も含めたユダヤ民族の心性が総じて奴隷的であると性格づけられる。ユダヤの僧侶こそは、もっともルサンチマンに隷属的に苦しめられているのであり、道徳はなにより僧侶自身にとって救済なのである。道徳の奴隷蜂起の先頭に立っているのは、僧侶のなりをした奴隷である。

もちろん、僧侶と大衆とを区別する文脈はある。たとえば『道徳の系譜学』の第三論文でニーチェは、「畜群」と「僧侶」とを区別して、ルサンチマンの苦悩のために自己分裂的に衰弱する病人としての畜群と、その衰弱と戦って畜群を治療する医者（とはいっても傷口に毒を塗って麻痺させるだけの藪医者だが）としての僧侶とを対比している。しかしそのさいニーチェは、「医者〔……〕は自分自身が病気である必要がある」と注意を促している（『系譜』三・一五）。僧侶は「狡知（いわゆる「精神」）の戦い」（同前）の戦略的な指揮官ではあるが、とはいえ奴隷的な畜群と根っから同族の本性をもち、しかもだれよりも深くルサンチマンに隷属して、体験的にその病理に精通している。それゆえにこそ僧侶は、病める畜群の医者でありうるのである。

4 自己欺瞞

ルサンチマンにおける自己欺瞞

ニーチェのいう「ユダヤ人」は僧侶であり奴隷である。すなわち、ニーチェがユダヤ人として理想化してみせた精神のなかには、僧侶と奴隷が同居している。この意味でのユダヤ人とは、価値を新たに創造するような精神的に高い能力を有しつつ、その能力を憎悪と怨恨の昏い情動によって突き上げられて発揮し、しかもみずから案出した戦略上のイデオロギーを純真に信じこんでしまうような精神のことである。

たしかに、そのユダヤ人の精神的な内部構造を探れば、僧侶と大衆という社会的な階層秩序を「小さな文字」へと凝縮したようなものを見出すことができるだろう。とはいえ、それはたんに小さくなっただけではない。冷笑的にイデオロギーを発明し布教する僧侶と、苦悩のなかで道徳を一途に信じる奴隷とが、社会のなかで別々の人物として働くのではなく、同一人物の魂のなかで同居して、いわゆる「二重思考」[58]（G・オーウェル）を駆使しうるためには、精妙な「自己欺瞞」の操作があらたに必要になるのである。ユダヤ社会を階層的に僧侶と大衆とに分けるという提案に乗れないのは、この自己欺瞞という心理学的機制を見逃してしまうからである。

さきほど確かめたように、道徳の戦略性の自覚は、道徳的誠実性を破壊する。それゆえルサンチマンの徒は、道徳的価値の作為的な創造を駆動している本当の動機を自身にうまく隠し立てして、道徳を道徳それ自身の理由で尊重していると確信していなければならない。道徳という虚構をこしらえるにしても、いわば「澄んだ眼をして偽ること」、嘘として正直に自覚しない「不誠実な嘘」をつきつづけることが必要なのである（『系譜』三・一九）。これが「無力さによる偽金作りと自己欺瞞（Selbstverlogenheit）」と呼ばれる心理操作である（『系譜』一・一三）。

道徳的に誠実なつもりの人にとって、本当の動機が自分に露見するようなことになれば、道徳はじつは「偽金」だった、つまり羊頭狗肉のたんなる便法だったと白状せざるをえない。これによって道徳は、ルサンチマンの苦悩を想像的にせよ救済する力を失うだけではない。さらには、不道徳な人々を心底から糾弾するのに必要な、誠実さの自己確信が浸食されることになる。それゆえ道徳的な人は、みずからの僧侶的な賢慮による復讐の政治を実現するために、あえて奴隷的に蒙昧にならなければならない。

しかし逆に、おのれを道徳的に洗脳しつくしてしまえばよいかといえば、そうでもない。道徳性だけを信条として、自己の心中をどこまでも厳しく探るならば、おのれのイデオロギー的な復讐の戦略を、道徳的な見地から禁止せざるをえないという窮地に追い込まれる。道徳的な誠実さを保ちつつ、復讐の政治を貫徹するには、みずからの政治的な意図を、巧妙に道徳的な自己吟味から除外しておかなければならない。さらには、道徳的な人は、みごと復讐を成就した暁には、戦略の成功を祝福し、復讐と支配の快楽を享受することになるはずである。しかしそのためには、祝福と享受の主体となる意識の部分は、道徳的に洗脳されずに醒めた状態で残っていなければならない。それゆえひとは、奴隷的に道徳に熱中しながらも、僧侶的に醒めた自覚を保たなければならない。

こうして、ルサンチマン的に道徳的な主体は、底なし沼のような自己欺瞞の循環に囚われる。ひとは蒙昧に道徳的価値を信じぬきつつ、その裏では信念の本当の政治的動機を自覚している。その自覚を意識から掻き消さなければ、純粋な道徳的信念を守ることはできない。それゆえひとは、さらに道徳を篤く信じ、道徳のメタ的な理由に道徳的にコミットしなければならない。とはいえ、このような道徳的な自己教化は、あくまで方法論的なものであり、醒めた意識によって方向づけられ、かつ歯止めがかけられている。しかし、この醒めた超道徳的な賢慮こそは、まさに道徳的誠実を破壊する当のものであろう。——このように自己欺瞞は一定の段階に留まることなく、自分自身を相手につねに新たな操作と隠蔽を試みざるをえない。あるいは、このような欺瞞の循環的な動態こそが自己欺瞞そのものであるといってもよい。

意図的に自己を欺瞞する

ルサンチマンの自己欺瞞がこのように循環的な動性を免れないのは、意図的に自己を欺瞞しているからである。まずは自己ということから考えよう。

ルサンチマンの主体は、道徳的な信念を抱く動機について自分を欺いているという事実そのものを、消去せねばならない。この消去はもちろん欺瞞であるが、他人を欺くなら気にもとめない人でも、自分を欺くことは気に病むだろう。おのれ自身を狙い撃ちする心理操作は、その被害者としての自己に照明を当てるのであり、その光が欺瞞する私自身を照らしかえすことになる。これはデカルトのコギトの論証とよく似た構造であって、自己を欺こうとする試みは、否応なく、欺き、欺かれる私の存在についての自覚を伴うのである。もちろんこの欺瞞性の自覚は、さらに欺瞞的に消去されなければならない。こうして自己欺瞞の循環が動きだすが、とはいえ当初から、自己欺瞞的なる私があったわけではない。むしろ、このような自己欺瞞の循環的運動の効果として、「自己」と呼びうる深度が穿たれたといったほうがよい。ニーチェの言葉をかりれば、「ここではじめて人間の魂は〔……〕深さを得て、邪悪になった」(『系譜』一・六)。

しかもこの自己欺瞞は意図的なものである。ひとは道徳的な洗脳をみずからに施したという事実を記憶しているからこそ、選択的に自己を道徳的糾弾の対象から除外することができる。意図的な心理操作だからこそ、復讐の政治戦を主導し、復讐の果実を味わう意図的な主体が温存されうる。もちろん、この意図をみずから否認せねばならないために、自己欺瞞はさらなる循環に陥ることにもなるだろう。

ペルナーは、ルサンチマン的な価値転換における自己欺瞞の意図性を強調している。[59] 非意図的な自己欺瞞と見なされるのは、たとえば、ルサンチマンの価値転換は虐げられた弱者の自然な感情的表出であるとする解釈の場合である。この解釈では、弱者の抱く奥深い憎悪が、原始的な感情の論理にしたがって、無意識のうちに道徳的な価値の表へと昇華されて、それによって弱者の自己治癒がもたらされる。この場合の道徳的信念は、たしかに本当の動因と信念の内容が乖離しており、その意味では欺瞞的ではあるが、その欺瞞は自然で受動的なものにすぎない。それゆえ当人は意識的には憎悪から浄化されて、純粋に道徳を信じており、もちろんそれを任意に解除することはできない。道徳的優越がもたらす果実は、思わぬ余得ということになるだろう。これに対して、ルサンチマンの意図的な自己欺瞞においては、僧侶は憎悪から浄化されることなく、道徳的価値転換という思想操作によって復讐を果たすという政治的な目標を、はっきり見定めているのである。

主題的な把握と周辺的な意識

これまでのところ、この意図的な自己欺瞞をその循環的な動態性において記述してきたが、こんどはその仕組みを構造的に捉えて記述するには、どうすればよいだろうか。この自己欺瞞は意図的であるから、フロイト式の局所論《トポグラフィー》に基づいて、無意識と昇華の自然機構に訴えて済ませるわけにはいかない。とはいえ、無意識に訴えないとすると、やはり真の動機をくっきり意識せざるをえないが、これでは道徳の誠実性が危うくなってしまう。どうやら、無意識と意識という二分法はうまくいかないようである。

ここでペルナーの提案は、現象学的な区別に訴えることである。フッサールやサルトルにさかのぼる現象学の知見によれば、対象の経験において、その対象を主題的に見すえた概念的認識と、対象の地平的領域についての周辺的意識とを区別することができる。[60] これはおよそ図と地との区別に重なるものである。地の背景的な意識は、たとえば「盲点」のようにまったく無意識的なのではなく、意識されつつも、図として主題的に注意されていないだけである。漠然とにせよ意識されているからこそ、ときにはあらためて周辺の地に注意を向けて主題化し、概念的に分節して捉えなおすこともできるわけである。

この区別をふまえて、ルサンチマン的な道徳的判断の場面、たとえば貴族的な強者を邪悪だと糾弾している場面を考えてみよう。いま弱者は、正義や非暴力といった道徳規範を故意に犯す者として強者を主題的に把握しており、自分はその悪を道徳的に非難していると思っている。しかし、このような自己認識はまやかしである。というのも、じつのところ非難の矛先は、周辺的に意識されている優越的な諸価値に向けられているからである。その強者は邪悪なだけではなく、権力、富、幸運などの諸価値をも有しており、弱者はそれらを漠然と意識している。弱者はそれらをひそかに羨み、欲望し、それらを独占する強者を憎悪している。じつのところ道徳的な非難は、価値転換の政治によってそれらを奪取しようとする「権力意志」によって動機づけられている。そうした真の動機を認知しないのは、強者の有する優越性についての意識が周辺的な地の段階にとどまり、それらを自分がどのように把握し、評価しているのかを、自覚せずに済んでいるからである。

分離の方法を意図的に拒否する

貴族的な強者の表象においては、たんに羨ましいだけの特性と、道徳的に邪悪な特性とが同居しており、弱者はそれを混乱した形で表象している。それによって、優越的な特性を横目で羨しく見ながら、邪悪な特性を眼前に睨みつけて非難することができるわけである。もちろん、よく考えてみればこの二種類の特性は分離することができる。カントのいう誠実な店主の例を思いかえしてみよう。誠実に見える店主は、長期的な店の信用を失ってはならないという仮言命法に従って、誠実な商いを守っている。そのことを暴くには、たとえば、店が倒産寸前にまで追い込まれて、悠長なことを言っておられなくなったと考えればよい。きっと店主は、あくどいしかたで利益をあげるのも辞さないだろう。つまり店主の商いは、誠実にふるまえという定言命法に従ったものではなかったのである。このような反実仮想的な思考実験はときに（G・E・ムーアにならって）「分離（孤立化）の方法」と呼ばれることがある。

　ルサンチマンの場合でも、この分離の方法がつかえるはずである。たとえば、邪悪で強力な貴族が度重なる非道な所行のゆえに落ちぶれた場合や、あるいはある高貴で裕福な名門家の紳士が意外なことに非の打ち所なく誠実な人柄であった場合など、さまざまな事例を仮想することができる。このように仮想してみると判明することだが、ルサンチマン的な弱者にとっては、落ちぶれた貴族はとうてい邪悪とは思われないのに対して、たとえ誠実であっても権力と富を有するかぎり貴族はやはり道徳的非難にあたいすると思われる。要するに、権力や富などを有することが、道徳的な邪悪さの必要十分条件であり、憎悪と非難の本当の焦点だったわけである。もちろん、権勢ある貴族はたいてい弱者から見れば邪悪さと優越性とを併せもっており、あえて分離しなければ、二つの特性が不分明なままで意識されていることだろう。まさしくこの不分明さによって、優越的な諸価値を奪取するために、その所有者を道徳的に糾弾するという自己欺瞞が可能になったのである。

ルサンチマンの自己欺瞞が意図的であるというのは、ペルナーによれば、この不分明さを意図的に利用するところに存する。強者を道徳的に糾弾する弱者にとっては、強者の諸特性に見られる両義性を解きほぐして分離するような証拠の発見や思考実験は、はなはだ都合が悪いものである。たとえ邪悪でなくとも優越的であれば糾弾するとなれば、これは道徳的判断の不整合として自覚されざるをえないだろう。そのためにルサンチマンの人は、そうした証拠や思考実験をできるだけ避けて、分離の方法に直面しないように試みるのである。これはいってみれば、図と地の見え方が反転しないように、あえて「アスペクト盲」（ウィトゲンシュタイン）であろうとするようなものである。ルサンチマンの人は、道徳的な邪悪さだけにじっと注目しつづけることで、周りの羨ましい諸価値が地から図に反転しないように配慮している。図になって概念把握されれば、それこそが自分の憎悪と欲望の対象であったということが露呈するからである。このように意図的におのれの心理学に盲目であることが、ルサンチマンの自己欺瞞には伴うのである。

ルサンチマンと偽善

ペルナーのいう意図的な自己欺瞞は、たしかに哲学的には興味ぶかい洞察である（自己欺瞞と意図性を組み合わせるところなどは水際立っている）。しかし、これがルサンチマンの解釈として正鵠を射るものかといえば、いささか疑わしいように思われる。というのも意図的な自己欺瞞は、ふつうの「偽善」の場合にも見られることだからである。[61]

「偽善」とは、カント的に表現するなら、道徳的に善いと思われる行為が、じつのところ仮言命法にしたがって私利私欲に動機づけられている場合のことである。偽善的にふるまうとき、もちろん当人が私利私欲の理由を自覚しつつ、他人の目を欺いていることもあるだろうが、たいてい日常的には、自分の動機を漠然としか意識していないことのほうが多いだろう。後者の、なかば無自覚な偽善においては、われわれは道徳的に行為していると自己認識しつつ、その行為による見返りを周辺的に意識している。また、分離の方法を意図的に避けるというのも、偽善の特徴であろう。われわれは日々、偽善がみずからに露呈するような窮地に陥らなくても済むように、真剣に取り組んでいる。あくどい商売に手を染めないで済むように、商売繁盛に精進するようなものである。

しかしながら、偽善とルサンチマンはまるで違う事柄であるはずである。そもそも『曙光』以来のニーチェの道徳批判のもくろみは、すでに確認したように、ラ・ロシュフコーばりの人間観察で人間心理の偽善を暴くことではなく、道徳的価値そのものの真贋を問うことであった。ニーチェのルサンチマン論をモラリスト式の偽善の告発に矮小化することはできない。

それはまた、『道徳の系譜学』の第一論文の冒頭から鮮明に打ち出されていたことである。というのも「イギリスの心理学者」の道徳起源説は、要するに、道徳は偽善から発生したという説だと解しうるからである。その説によれば、利他的な行為をその受益者がよいと習慣的に賞賛していたら、その起源が忘却されて、その行為そのものが善であると錯覚されるようになったというのであった。ニーチェの指摘するとおり、そのような「忘却」は心理学的に不合理であり、ひとは自己欺瞞的に忘れたふりをしているにすぎない。忘れたふりというのは、つまり、周辺的な地の意識に留めておくということである。善い行ないを賞賛するとき、ひとはそこから享受する私益を周辺的に意識して、受益の感動と道徳的な賞賛とを不分明なしかたで感じている。あるいは、ひとは善い行ないをするとき、それが互恵性の原理によっていずれ見返りをもたらしてくれることを漠然と期待しているし、その私益の期待値こそが「よさ」の正体であることを忘れていない。イギリス式の起源説は、現行の道徳意識を所与の前提にして、その虚飾の衣に覆われて隠れている偽善を暴きたてるものだったのである。

　偽善という起源であれば、忘れたふりをするという自己欺瞞が許される。ときに偽善を自覚せざるをえないのは、たしかにばつが悪いことだが、肩をすくめてやり過ごすことができる。偽善的にせよ適法的な行為は公共の福祉に沿うものであり、そこに欺瞞が潜んでいることが露呈しても、ほろ苦い幻滅を伴うだけのことである。これに対してルサンチマンという起源は、露呈すると破滅的である。というのも、ルサンチマンによる道徳的な価値は、僧侶の指揮するイデオロギーの政治によって貴族的な強者を不意打ちし、自滅に追い込むことで成立した価値だからである。その起源を思い出すことは、道徳の正統性を根底から腐食させるばかりか、貴族的な価値評価の復権を招きかねないのである。

それゆえ、ルサンチマンという起源は徹底的に忘れなければならない。忘れたふりではなく、完全に忘れなければならない。しかしながら、ある特定のことを完全に忘れよという命令は、ほとんど背理であろう。晩年のカントは、酒に溺れて粗暴にふるまう老召使のランペを解雇した。そしてカントは手帳に、「ランペの名前はいまや完全に忘れられなければならない」と書きつけた。そう書くことで、ランペの名前はむしろカントの脳裏から離れられなくなってしまう。徹底的に忘れるには、ランペの名前を、それを忘却せよという命令もろともに、忘れなければならない。このような徹底的な忘却によってこそ、あらゆる仮言的な関心から独立した廉潔な定言命法が成り立つのである。

しかし、このように忘却の意図そのものをも忘却させるような自己抑圧は、いかにして可能なのか。第三論文「禁欲主義の理想は何を意味するか」において、このような道徳的抑圧は、つい油断してみずからに道徳の起源をばらしそうになる下心を、残忍なしかたで封じこめる禁欲への意志として解明されることになる。この禁欲主義にかかわる論点は、次章で論じることにしよう。

ニーチェとカリクレス

禁欲主義は後述に委ねるとしても、ルサンチマンにおける起源の抑圧は、ニーチェの道徳の系譜学の独自性を際立たせるために重要である。しばしば、ニーチェのいう「道徳における奴隷蜂起」の価値転換論に対しては、その遠い先駆者として古代ギリシアのソフィストの論法があげられる。たしかに、善悪は解釈する立場に依存的である（すなわち善悪は強者にとっては優秀と低劣のことで、弱者にとっては善良と邪悪のことである）という論法は、プロタゴラス式の相対主義を継承するものであろう。また、利己的な人間本性を酷薄に直視するソフィストの「リアリズム」が、ニーチェの自然主義的な考察態度の背景にあると指摘されることもある。[62]なかんずく、プラトンが『ゴルギアス』篇で活写したカリクレスの論法[63]は、かつてドッズが比べてみせたように、[64]ニーチェの価値転換の論点を先取りするところが多い。

カリクレスは、まさしくソフィストの流儀で、優勝劣敗、弱肉強食の「自然（physis）」の正義と、安全と平等を旨とする「法律慣習（nomos）」の正義とを区別してみせる。世の大多数を占める弱者は、自然の正義がまかりとおる状態では不利益を被るから、一致団結して、より多く取るのは醜く不正であり、慎ましく「平等にもつ」のが正しいという約束事を取り決めて、ノモスの正義を樹立する（これは古代版の社会契約論ともいえる）。そして「呪文を唱えたり、魔法にかけたりして」強者をその正義で洗脳してしまう。そのようにして、荒ぶる「獅子を飼い慣らし」て、「奴隷」化してしまうのである（482D–484C）。

このようなカリクレスの論法をニーチェとつきあわせてみると、自然の正義が「貴族的価値評価」（主人道徳）に、法律慣習の正義が「奴隷的価値評価」（奴隷道徳）に相当することは見やすい。「呪文」や「魔法」といったメタファーは、僧侶の操るイデオロギー的な策略を示唆すると見なしうるだろう。「獅子を飼い慣らす」という論点は、ニーチェにおいても、「猛禽」や「金髪の野獣」という表現や、それを「家畜」にする「文化」の役割という形で継承されている（『系譜』一・一一）。このように見ると、ニーチェの価値転換論が、ソフィスト式の正義の起源論と構造的に類似したものであることがわかるだろう。

とはいえニーチェの洞察は、その本質的な点においては、ソフィストの焼き直しではないと思われる。じっさいニーチェ自身、道徳の系譜学の先駆者として、ソフィストの名を挙げることもない。注目すべき差異は、そもそもカリクレスの論法では、われわれの信条が道徳的に構成されているという事実を説明できないという点にある。われわれの大多数は、道徳にわずかながらでも畏怖の念を抱いているだろうし、道徳法則に違反するときに心の痛みのようなものを感じてしまうだろう。われわれの大多数は、もちろん魔法にかけられたほうではなく、かけたほうのはずであり、カリクレスの想定にしたがえば、畏怖や痛みを感じるのは奇妙なことである。これを説明するには、手違いで自分にも魔法をかけたあげく、その事実を忘却してしまったとでも考えるほかないだろう。

じつのところ、ソフィストの正義論では、正義は社会契約による人為だという起源を、だれも忘れていないのである。だからこそ、臨機応変に契約を破棄することもできる。『国家』篇の第二巻にも、ソフィスト流の正義論を紹介する、「グラウコンの挑戦」として知られる箇所がある。そのなかでは、ひとは「ギュゲスの指輪」で透明になることができれば、だれでもよろこんで不正を犯し、ほかのひとよりも多く取るだろうと語られている[65]（359D–360D）。透明人間になることに匹敵するような絶好の機会があれば（それはどんなひとの人生にもきっとある）、ひとはそれまでいやいやながら服従していた道徳という約束事を、自発的に破棄するというのである。

しかしながら、現代のわれわれには、これほど晴れやかに自然の正義を肯定することはできないだろう。われわれは、まるで魔法で呪われたかのように、そのような状況に臨んでも、やはり不正は不正だと思うだろうし、誘惑に逡巡をおぼえ、迷いに迷い、いずれにせよ犯罪に手を染めてしまうにせよ、そのあとで後悔し、良心の呵責に苦しむことだろう。ソフィストが説明しないし、説明することもできないのは、このような逡巡と後悔の由来である。

道徳の自己呪縛と技巧的な幸福

ルサンチマン的に価値転換した者にとっては、善と悪はたんに安全な社会生活のための約束事なのではない。それはむしろ、不条理な悲惨における苦悩と憎悪の果てに見出した救済の思想であって、さらにその救済を政治的に実現する復讐劇のためのイデオロギー装置でもある。とはいえ、その政治的な意図は自己欺瞞的に抑圧されており、道徳的に誠実であるという自己認識が揺らぐことはない。それゆえにこそ、道徳的な悪はほんとうに禍々しく現われるのであり、そのように悪性の表象としてゲシュタルト把握せねばならないという呪縛は、ギュゲスの指輪のような絶好の機会でも容易には解除されない。ニーチェのルサンチマン論が解明するのは、この自己呪縛の仕組みである。道徳的価値評価は、みずから意図的に案出した概念装置であるにもかかわらず、自己のアイデンティティを深部まで拘束している。その深度は、まさしく自己欺瞞的な抑圧の深度と同じなのである。

もちろんルサンチマンの人にも、道徳的な自己拘束を解除しうる機会がある。しかしそれは、ギュゲスの指輪のような、不正に対する外的制裁がないと確信できるような場面ではない。むしろそれは、道徳的な価値体系が完全な勝利を収めたときに、その復讐劇の果実を味わうという場面である。ニーチェはトマス・アクィナスの『神学大全』の一節を引いている。「天の国に昇った浄福の者は、地獄に墜ちた者が罰せられるのを見るだろう。そしてそのために、かれらには浄福はいっそう好ましく思われるだろう」（『系譜』一・一五）。

地獄で邪悪な者たちが処罰されるのを見物して、天国の善人たちは「技巧的に〔自分の〕幸福を作りあげる」（『系譜』一・一〇）。これはドイツ語に独特の表現でSchadenfreude《シャーデンフロイデ》（他人の損害の喜び）とも呼ばれる感情である。翻ってみれば、貴族は劣悪な奴隷を嘲笑し、その「距離の感情」に基づいて自己肯定の喜びを感じていたが、善人たちの技巧的な幸福はこれをたんに逆転させたものであり、やはり同じく邪悪な感情であるといえるだろう。しかしルサンチマンの人にとっては、それはおのれの道徳性にふさわしい幸福の喜びであり、いっそう道徳的なコミットメントを強める動機になる喜びである。それゆえに、その喜びはふたたび自己欺瞞的に、道徳的に善いものであるかのように感じられ、道徳性の回路を形作るのである。

ソクラテスとニーチェ

このようにルサンチマンにおける自己欺瞞に着目するとき、ニーチェの先駆者として挙げるべきは、ソフィストではなく、むしろ魂の自己吟味を説いたソクラテスであろう。

　ソクラテスにいわせれば、ひとが不正を為すのは当人がそれを善いと思っているからであるが、そのような善の「思われ」（現象）の片棒を担ぐのがソフィストである。ふたたび『ゴルギアス』篇から引けば、ソフィストの術は「迎合の術」の一つであり、それは「最善ということにまるっきり考慮を払わずに、そのときどきのいちばん快いことを餌にして、無知な人々を釣り、これをすっかり欺きながら、自分こそいちばん値打ちのあるものだと思わせている」[66]（464D）。もちろんこの迎合に欺かれるほうにも、おのれの魂への配慮を怠り、不透明な自己欺瞞に留まっている甘えがある。「自分が自分によって騙されるということは、なによりも危険なことだ」[67]（428D）とは『クラテュロス』に見える警句である。ひとはなかば意図的に自己を欺いて、思われの図だけを見てとる状態を保持しつつ、そのことをみずからに隠蔽している。ソクラテスは弁駁的対話による自己吟味によって、その自己欺瞞を道徳的信念の論理的な不整合として暴露してやまない。

　ニーチェの探究はソクラテスと同じ自己吟味の道をすすんで、そのソクラテス自身を問いなおす。ニーチェの分析によれば、ソクラテスの標榜する善そのものがルサンチマン的な捏造であり、その根底には自己自身に対する憎悪と復讐が隠れている。『偶像の黄昏』における「ソクラテスという問題」の章で析出されるように、ソクラテスの道徳主義は、その魂の荒廃と混沌から帰結した「デカダンス（décadence）」の症候である。アテナイに来た客人がソクラテスの面相を見て、「あなたは怪物です、——あらゆるよこしまな悪徳と欲望を心に隠しもっておられる」と喝破したのに対して、ソクラテスは平然と「あなたは私のことをよくお見通しだ」と応えた、という逸話をニーチェは引いている（『偶像』ソクラテス 三）。もはや本能的な統御も悲劇的な救済も効かない頽廃的な魂に倦んだソクラテスは、その荒れ狂う悪徳と欲望を征圧するために、理性と道徳をおのれの「暴君」に仕立てあげなければならなかったのである。

「あらゆる自己瞞着者のなかでもっとも賢明な人」（『偶像』ソクラテス 一二）であるソクラテスは、その自己欺瞞を自覚していただろうか。ニーチェが最後に示唆するところでは、ソクラテスが毒杯を仰いだのは、この自己欺瞞という病にみずから死をもって結着をつけることを欲したためだったのである。

第三章　良心と禁欲

『道徳の系譜学』の三つの論文

『道徳の系譜学』は三つの論文から成り立っている。ここであらためて問いたいが、そもそもこの三論文はどのように関連しているのだろうか。系譜学は歴史的な探究であるから、時代別で三分割されて進んでいるのかと思いきや、時代順序という点では辻褄の合わないところが多い。原論から各論へと進むというぐあいでもなく、一つのテーマが段階的に深まっていくという感じでもない。『道徳の系譜学』は通例のアフォリズム形式ではなく、むしろ論文のように散文的に書かれており、それゆえに論理的な構築性があると予想させるが、じつのところ三論文を全体として見たときには、その構成は読みとりにくい。

ちなみにドゥルーズは『ニーチェと哲学』において、『道徳の系譜学』の三論文を、カントの『純粋理性批判』の超越論的弁証論における誤謬推理論、アンチノミー論、理想論の三章に擬《なぞら》えた[68]。このドゥルーズの解釈は、おそらく思弁的な冒険というべきものであり、ここでその当否を判定する必要はない。ただ『道徳の系譜学』に、段階的あるいは弁証法的に発展する論理を求めるのではなく、むしろ魂、宇宙、神という三つの主題に分岐する超越論的弁証論のような構成を読みとろうとする点には、学ぶべきところがあるように思われる。

われわれはニーチェ自身の証言を求めよう。一八八八年の新年早々、『道徳の系譜学』を第一論文まで読んで感想を寄せてきたオーヴァーベック（Franz Overbeck）に対して、ニーチェは親切にも先に気をまわして、ただちに二日後の一月四日付で、著者による読書案内のような葉書を送っている。

この本について一言だけ。わかりやすさのために、道徳という名の複雑な領域のさまざまな発生源を人為的に分離しておくことが必要だった。三つの論文はどれも、それぞれの〔道徳への〕原動力を表現している。第四、第五の原動力は欠けている。それどころか、もっとも本質的な原動力（すなわち「畜群本能」）も欠けたままだ。――最後の論点はあまりに広範囲にわたるので、とりあえずは脇に除けておくほかなかった。さまざまな要素のすべてを最後に統合して、それによっていわば道徳を精算するということも、やはり脇に置かれたままだ。道徳との決着のためには、これは私の哲学の「序曲」の段階にすぎない。（キリスト教の成立については、各論文がそれぞれに貢献している。キリスト教をたった一つの心理学のカテゴリーを手がかりにして解明しようと試みることなど、私には思いもよらない。）[69]

道徳はあまりにも「複雑な領域」であるから、できるだけ判明に理解するために「さまざまな発生源を人為的に分離」したのだと、ニーチェは親しい友人に手の内をあかす。三つの論文にはそれぞれ「原動力」が割りふられる。第一論文はルサンチマン、第二論文は疚《やま》しい良心、第三論文は禁欲主義を原動力としてもつ。なお「畜群本能」、すなわち人間の群居動物としての本能的な心理特性は、いわゆる規範倫理学の諸相へと理論的に展開させうるはずの論材であるが、論点が多岐にわたるために外された。三つの論文は、それぞれの発生源から始まる発展系列をえがく。最後の括弧のなかで付言されるように、「キリスト教」のような複雑な問題を「たった一つの心理学のカテゴリー」（たとえば愛のカテゴリー）の展開によって解明するのが神学的な態度であるとすれば、さまざまな発生源からの諸系列を認め、それらの融合や変異を辿るのが系譜学的な態度であるといえよう。

ところが『道徳の系譜学』は、それらの系列を分離したのはよいが、そのあとで三系列を「統合」して、道徳の全体を精算するという最後の課題に着手するには到らなかった、とニーチェは弁明する。これはいってみれば、『純粋理性批判』に超越論的分析論が欠けているようなものであろう。『道徳の系譜学のために（Zur）』という題名は、この書が道徳の精算という未達成の課題へ向けた過程にあることを表わすものと見てよい。つまり、この書は「私の哲学」の主著たるべき『力への意志』における道徳の総決算のための、ほんの「序曲」にすぎないというわけである。結果としてその主著は幻に終わったので、この総決算の仕事はわれわれに委ねられた課題になった。

このように『道徳の系譜学』は三系列が並走するような構成になっているが、しかも各系列の時間幅が一様ではない。第一論文はキリスト教の誕生前夜の一時代に焦点を合わせて、ルサンチマン的な価値転換を活写している。第二論文は、はるか遠い先史の慣習道徳における動物心理学から、キリスト教の成立をはさんで、近代的道徳の病理までを視野に収める。第三論文は僧侶の禁欲主義を焦点にして、およそキリスト教とそれ以後の時代のデカダンスをあつかう。このように、並列的な三つの系列を、時間幅にも順序にも頓着しないで提示したことが、『道徳の系譜学』の収まりの悪い感じに繋がった。追って見るとおり［三・3］、第三論文には第一論文と第二論文とを連絡するという役割があり、そこから見れば三論文の結構は整っているが、たんなる時代順を期待すると戸惑うばかりであろう。

第二論文と第三論文

本章はおもに『道徳の系譜学』の第二論文と第三論文について論じる。

第二論文が教えるのは、『この人を見よ』の要約によれば、「良心の心理学」である（『見よ』系譜）。ルサンチマンは、他者を邪悪だと糾弾する他罰的な方向をもつ。ここで、われわれの道徳的な心性をすこし反省すれば、道徳的な他罰の裏側には、おのれの罪を自覚する良心の自罰的な働きが伴っていることがわかるだろう。道徳的な人は、おのれの邪悪さをひとまず棚に上げて、他人の悪行を詰《なじ》るわけだが、良心はその後ろから呼びとめて、自己の見かけの善良さを査問にかけるのである（逆に、なんら良心に呵責を感じずに一貫して他者だけを断罪することができるというのは、むしろ道徳的無能力の徴候と見なしてよい）。第二論文の課題は、われわれの道徳的心性の構成要素である、この「良心」の系譜学である。

本章の第1節では、この系譜学のうち、先史時代の「慣習道徳」から二つの良心が成立した過程を見る。すなわち、「自律的で超道徳的な個人」の抱く「よい良心」と、社会の檻のなかで残虐の本能が内攻化した「疚しい良心」の二つである。つづく第2節では、後者の内攻的残虐としての良心が、さらにキリスト教による宗教的な再解釈を経て、「神に対する罪」として先鋭化してゆく場面に迫る。

第三論文は、第3節で見るとおり、僧侶が禁欲主義の理想によって人間の道徳意識を操縦してきた手法を解明することを試みるものである。僧侶や禁欲というのは、道徳の分析としてはいささか意外な切り口に思われるかもしれない。だが、たとえば他者危害の禁止という近代的な道徳律は、残虐の本能に箍《たが》をはめて、いわば社会内的な禁欲を命ずるものである。他者危害を禁ずるこの道徳律は、もちろん通常の理解によれば、社会的な安全性の確保のための規範コードであり、またそのように人々に了解されて内面化されたものである。ニーチェによればしかし、道徳の禁欲主義は、自己解体する頽廃的な生に苦しむ大衆に、デカダンスの達人である僧侶が与えた処方箋である。僧侶こそは、ルサンチマンを扇動し、それを疚しい良心へと方向転換した首謀者であり、道徳律そのものを禁欲主義の理想として意志することにこそ、その良心の苦悩から逃れる道があると指し示した救済者なのである。『この人を見よ』によれば、『道徳の系譜学』は「史上初の僧侶の心理学」を含むが、その焦点はこの第三論文にある。

第4節で見るとおり、第三論文は最後に、キリスト教道徳の「自己超克」に説きおよぶ。キリスト教的な道徳意識が隅々まで浸透した近代において、なぜニーチェの道徳批判が登場したのか。道徳批判者としての系譜学的な自覚を促すこの問いにニーチェは、キリスト教がはぐくんだ「誠実さ」を回顧しつつ、その誠実さがついに道徳そのものに刃向かったのだと答える。このような系譜学的自覚については、さらに次章において、ニヒリズムの歴史として整理することにしたい［四・3］。

1　主権的個人と疚しい良心

罪の意識

第二論文の原動力は、先史の慣習道徳において培われた「疚しい良心」である。それが「キリスト教の天才的悪戯」を経て、最後にはキリスト教的な「罪」の意識に到達する。まず、この最後に到達した「罪」とは何か、と問うところから始めよう。というのも、現代のふつうの道徳意識において、罪という要素はそれほど自明ではないと思われるからである。

まず注意すべきことに、ここでいう罪の意識とは、約束を守れなかったときや、ひとに迷惑をかけたときなどに内心に感じられる罪悪感のことではない。このような「局所反応的な罪」とでも呼びうる感情は、古今東西の人々にひろく認められるものであり、とくに説明を要しない。これに対して、「実存的な罪」とでも呼びうる特異な次元の罪悪感がある。[70] これは、おのれの実存がまるごと有罪として判定されていると感じることで、生の全体が「不快な普遍的感情」（『偶像』誤謬　六）に浸されている状態である。ニーチェの判定では、これはキリスト教道徳に固有の感情である。第二論文は、このような実存的な罪の意識の系譜を遡るものである。

このように罪の概念をキリスト教的なものとして規定すると、それに対して第一に、そのような罪の意識はあくまでキリスト教の文化圏に限定されたローカルなものではないか、という異論が出てくるかもしれない。欧米の「罪の文化」と日本の「恥の文化」とを対比するルース・ベネディクト式の文化類型論で、この懸念を裏づける向きもあろう。さらに第二には、キリスト教圏といえども、道徳が世俗化された啓蒙期以後には、もはや罪の観念は道徳的な意味を失っているはずだ、という異論もあるかもしれない。なんといっても「神は死んだ」のであり、神による人間的実存の断罪など昔話にすぎないのだ。これら二つの異論をあわせるなら、洋の東西を問わず、現代人の道徳意識のなかにキリスト教的な罪の概念が占める場所などない、ということになるだろう。

まず、第二の異論に答えるには、第一章をふりかえるのがよいだろう。われわれはそこで、ダーウィンの進化論の洞察に訴えて、ある環境に適合して残った形質が別の新たな環境では異なった目的に転用されることを確認した。『道徳の系譜学』の第二論文でニーチェは、このような系譜学的な洞察を「歴史的方法論の主要観点」として定式化している（『系譜』二・一二）。物事の発生原因と、その効果や目的とは天地の隔たりがある。というのも、制度や習俗や思想は、そのつど優勢な力によって征圧され、再解釈されて、新たな意味と目的を与えられるからである。新たな権力体制は、それ以前のさまざまな契機を呑みこみ消化して、再活用する。第二論文のニーチェは「刑罰」についてこうした権力的な再解釈の系譜を辿っているが、同じことは「罪」についてもできるだろう。啓蒙的な世俗化という趨勢のなかで、かつての宗教的な罪の観念は解釈しなおされ、近代の道徳意識のなかに流れこんでいるはずなのである。

カントにおける謙抑と尊敬

それでは、宗教的な罪の観念の近代的な再解釈として、たとえば何が挙げられるだろうか。それをキリスト教道徳の代表格としてのカント倫理学に求めるとすれば、『実践理性批判』における「謙抑（Demütigung）」の概念を挙げることができよう。ひとはだれでも自分のことが可愛いが、そのような「自愛」が凝り固まって、道徳的原理として自己主張することで「うぬぼれ」が成立する。自愛からうぬぼれへの昂進は、それ自身、根源的な人間本性の一部である。道徳法則の意識はこのうぬぼれを破壊することで、「謙抑（知性的な軽蔑）」をもたらすとカントはいう[71]（V 74 f.）。道徳法則は、自愛に居直りがちな人間本性の根幹的な弱みを狙い撃つのである。それゆえ謙抑のもたらす自己軽蔑は深刻であり、人間的な生の全体に及ぶことになる。この意味で謙抑は、実存的な罪にせまる深度と包括性を有する。

とはいうものの、いかにも哲学風に抹香臭いカントの「謙抑」が、はたして現代の人々の心に見出されるものか、いぶかしく思われる向きも多いだろう。たしかに、神のまえで人間の本性を卑下し、みずから身を屈するような感情は、人間というものへの信頼のあつい現代人の心性からは縁遠いものであるように思われるかもしれない。

カントの謙抑論で興味ぶかいのは、謙抑が「尊敬」と結びつくところである。カント倫理学の主張するところでは、道徳法則への尊敬の感情こそが道徳的に行為する動機でなければならない。そして、そのように道徳法則を尊敬するからこそ、われわれは逆に、そこから逸脱しようとする自己の傾向性を軽蔑せざるをえないのである。ニーチェが嗅ぎつけるように、カントの「定言命法には残虐の臭いがする」のだが（『系譜』二・六）、それは定言命法に正の実践力を与える自己軽蔑の負の残忍さのことである。さらにカントによれば、この尊敬すべき道徳法則を立法したのはおのれの理性であると自覚するとき、自己軽蔑は「自己是認」へと転化して、「昂揚」の感情をもたらす[72]（V 80 f.）。謙抑における自己卑下の裏側には、このような人間理性の自己是認の昂揚がともなうのであり、謙抑の痛みはこの昂揚感によって十分に埋め合わされる。現代人の心性が謙抑の痛みに疎いのは、おそらく、人間本性への楽観的な信頼のなかに痛みが曖昧に紛れこんでいるからであろう[73]。

ここまで来れば、第一の異論にも対応することができる。その異論は、キリスト教道徳に特有の罪の意識が、どうして異教徒の日本人の道徳性に関わるのか、というものであった。これにはおよそ以下のように答えられよう。近代日本はその文明開化の途上で、西洋の啓蒙主義的な倫理や政治思想などを移入した。カント哲学もその一つである（明治のカント崇拝は滑稽なほど熱烈であった）。明治から一世紀以上を経たこんにち、その西洋近代の思想は、われわれ日本人の道徳意識をすっかり変貌させて、道徳の系譜に新たな世代を書き加えるように、現代日本の道徳意識をもたらした。結果として、現代のわれわれは、平安時代や江戸時代の日本人のようには、感じることも考えることもできない。もちろん、夥《おびただ》しい数の日本人論や日本文化論が示すように、日本人の道徳意識は、よかれあしかれ欧米人のそれとは異なる。その差異を論じることは本論の課題ではない。こんにちのわれわれの道徳意識が、和洋の出会いによる系譜学的な産物であることを確認しておけば十分である。

そして、日本人が呑みこんだ西洋近代の道徳性には、消化され転用された形での「罪」が紛れこんでいた。いま見たとおり、たとえばカントのいう道徳法則への尊敬の感情には、その正の感情を負の側から賦活するものとして謙抑がともなっており、その謙抑はかつての罪の概念が近代的に再解釈されたものと見なしうる。われわれ日本人は、おもての明るい倫理思想だけを採り入れて、道徳性の尊重を学んだつもりだが、そこには罪のような宗教的概念の残滓がひそかに含まれていた。われわれはその害毒をも摂取してしまったのである。

慣習道徳から二つの良心へ

第二論文はこのような「罪」の系譜をたどって、太古の「慣習道徳」にまで遡る。「慣習道徳(Sittlichkeit der Sitte)」とは、ニーチェが『曙光』において先史の道徳観念を指示するために導入した概念である。共同体の存続が至上命題であった先史時代にあっては、共同体における「行為や評価の因襲的な方法」としての慣習が、個人に対して絶対的な強制力をもっていたのであり、「道徳とは、いかなる慣習にせよ、ともあれ慣習への従順さ以外のなにものでもない」(『曙光』九)。慣習の一例としてニーチェは、カムチャッカ人は雪を靴から落とすのに刀を使わないというタブーを紹介している(『曙光』一六)。太古の共同体は、こうした「慣習のための慣習」の諸規定によって、いにしえの不安定で気まぐれな人々を雁字搦《がんじがら》めにして、予測と算定の可能な成員として躾《しつ》けた。このような成員の画一化によって、ようやく先史の人類は最初の共同的な生活様式へと歩みを進めたのである。

第二論文のニーチェの見立てでは、先史の長い時間をかけた慣習道徳の強制は、人間の「良心

（Gewissen）」を優と劣（すなわち第一論文のいうgutとschlecht）の二方向へと育てあげた。その結果として、良心の二つの現象として、表面的には別物のように見える二つの自己意識が形成されるにいたった。すなわち、その一つは「よい（gut）良心」（端的に「良心」と呼ばれることも多い）である。これは自己肯定の昂揚感として感じられるもので、「晴れやかな良心」とでも訳しうる。もう一つは「わるい（schlecht）良心」である（このschlechtはまれにböseに置き換わるが（『系譜』三・二〇）、同じ意味である）。この「わるい良心」とは、社会が優劣に階層化されるなかで、劣後するものが抱く罪悪感のことであり、現象的に感じられるところに即していえば、「疚しい良心」あるいは「良心の呵責」と訳しうる（以下では「疚しい良心」という）。

ときに、感じられる心理現象が正反対であることに欺かれたのであろうか、これら二つの良心はまるで無関係なものだと解釈されることがある。しかしそうなると、まず「良心」を論じ、そこから「疚しい良心」へと話題を転じる第二論文の論理構造が、まるっきり見えなくなってしまうだろう。これら二つの良心は、これから見るように、慣習道徳による人間の社会化という場面から発生したものであり、系譜学的にいえば共通の根から分岐した二つの対立的な形成物なのである。

自律的で超道徳的な個人

まず「よい良心」のほうから始めよう。『道徳の系譜学』の第二論文は、「約束しうる動物を育てあげること――これこそが、自然が人間についてみずから課した逆説的な課題そのものではないか」という問いから始まる（『系譜』二・一）。第一章で論じたように、ニーチェの歴史的方法の根底には、ある設定された観点（見地）から「哲学的歴史」を構想するというカントの超越論哲学の立場があると見てよい。ここでのニーチェは、「約束しうる動物を育てあげる」という自然の「課題」を観点として設定することで、そこから人間をめぐる哲学的歴史を考えてみようというわけである。

約束しうるには、かつて約束したことをまだ記憶していること、そしてその記憶をこれからも保とうと意志することが欠かせない。そして、記憶を未来へと保とうとする意志は、それ自身として記憶されなければならない。ニーチェはそれを「意志の記憶」という（同前）。このような「記憶」はいかにして成立したのであろうか。『生にとっての歴史の利害』の冒頭で描写されたように、ふつう動物はそのつど過去を忘れて、現在の瞬間を非歴史的に生きている。じつのところ人間にあっても、過去を消化し排泄する「能動的な忘却」は、「強い健康の形式」にほかならない（『系譜』二・一）。『道徳の系譜学』の第二論文が教えるのは、このように現在にのみ生きる健康な自然児としての人間を、記憶する歴史的動物に育てあげることこそ、慣習道徳の役割だったということである。

ニーチェはとくに、慣習道徳における「記憶術」と「刑罰」に言及している（『系譜』二・三）。慣習としての慣習を人々の記憶に固定するために、文字どおり、体に刻みこむという類いの、損傷と苦痛をともなう「記憶術」がひろく行なわれた。慣習に違反した者は、さらに残虐な「刑罰」に処される。怖気《おぞけ》をおぼえるような処罰の一部始終を見せつけられた人々は、けっして慣習の掟を破ってはならないと、みずからの心に約束するだろう。このような血と戦慄の慣習道徳の全過程によって、人間ははじめて約束しうる動物になったのである。そして、この過程の最終的な成果として、一見したところ慣習道徳の拘束衣とは無縁であり、血と戦慄の野蛮をまるで知らないような、自由で理性的な個人が誕生することになる。

この途方もない過程の終点に立つならば、すなわち、樹がついにその実を結ぶように、社会性とその慣習道徳が何のための手段にすぎなかったのかをついに明らかにする、その地点に立つならば、社会性と慣習道徳の樹になるもっとも熟した果実として、主権的な個人(souveraines Individuum)が見出される。すなわち、自己自身にのみ等しい個人、慣習道徳からふたたび解放された個人、自律的で(autonom)超道徳的な(übersittlich)個人である。(『系譜』二・二)

慣習道徳における記憶術や刑罰の野蛮は、その最後の果実によって是認されうる。すなわち太古の自然人は、くりかえし血と戦慄の試練に曝されることによって、ついに、みずからの移り気な情念を制圧し、ときには不運な成り行きを克服してでも、約束を守る力を身につけるにいたる。こうして約束の力を自覚した人は、自由の意識を味わい、ここに人間の使命が完成したという喜びを全身で感じるのである。このような意識が支配的本能にまで定着したものが、「良心」と呼ばれる(同前)。この良心の人は、慣習道徳の集団的な訓育から解放された「超道徳的」な個人である。この個人は、いつまでも約束を守ることができずに、慣習道徳の拘束衣で縛られたままの惰弱な連中を軽蔑して、みずからの自律の意識に「価値の尺度」を設定し、みずからを「よい」と貴族的に肯定することだろう。

主権的個人における理性と情念

このような自律的個人による価値評価によって、ここでひとまず、以前に提起した、貴族的価値評価につきまとう他者依存性の問題［二・2］に答えることができる。すなわち、貴族的な自己肯定は、奴隷を軽蔑するという他者否定と表裏一体であり、どこまでも奴隷に依存して成立するのではないか、という問題である。この問題が生じたのは、貴族的価値評価といっても、じつのところ自己を肯定的に評価するための実質を欠いており、もっぱら主人と奴隷という相対的な関係に頼っていたからである。これに対して、自由に約束しうる人は、みずからの自律において人間の使命が完成されたという歓喜を全身で感じており、ここに価値評価の原型を据えている。もっとも、このように自己を誇りたかく評価するときには、約束を守れない嘘つきの連中への軽蔑が伴うことではあろうが、しかしその軽蔑はたんに自己是認に付随する感情にすぎず、その不可欠の構成要件になっていない。

このような応答はしかし、問題の解決というより、じつのところ問題の場面を移行しただけだと判定せざるをえない。つまり、社会的階層としての貴族と奴隷の場面を個人の精神に縮小して、その内的な支配者と服従者の場面へと移行させたということである。精神的な自律《オートノミー》＝自治を内在化した「主権的な個人」においては、支配的な理性が、移り気な情念や飽きっぽい欲望を統治している。この内的な統治者である理性は、かつての慣習道徳に劣らず残虐に、とはいえ精神的に洗練されたしかたで、みずからの情念や欲望を禁欲的にきびしく躾けるのである。そして、このように精神の内側にひろがる階層的な「距離の感情」に基づいて、理性はみずからの情念や欲望を劣悪なものと軽蔑し、理性的な自己だけを肯定する。つまるところ、主権的個人の自己是認は、そのように蔑まれるべき情念や欲望の現存に依存している。

　このことから知られるのは、第二論文における良心的な個人がどのような系譜学的段階に位置づけられるのか、ということである。しばしば漠然とそう想定されるところを裏切って、この自律的個人は、ニーチェが理想として将来に構想するような、「善悪の彼岸」の高貴な人（あるいは超人）ではない。[74] たしかにこの良心の人は、すでに忘却の自然児を脱した段階にあり、しかもまだキリスト教道徳の罪の意識に囚われていないという自由がある。しかしながら、その個人の精神内には自己分裂の距離と、自己支配の虐待があり、その反動によって理性的な自己肯定が成立している。それはまさしく、みずからの身体を縛ることでセイレーンの誘惑を制圧し、啓蒙的な理性主体としての自己形成を遂げたオデュッセウスの場合と同じであろう。[75]『ツァラトゥストラ』の有名な「三段の変化」の比喩をかりるなら、「駱駝」、「獅子」、「子供」という三段階のうち、この良心的個人は、約束の重荷を担う駱駝か、あるいは慣習道徳の因襲を食い破る獅子ではあるが、まるごとのおのれを是認し、聖なる「しかり」をいう子供の段階には到っていない（『ツァ』一・三段）。もちろん、このような子供の段階は、忘却の野蛮の状態に戻ることによって達成されるのではない。それでは、ここで子供の形象に託されるような、ディオニュソス的ともいうべき自己肯定はいかにして可能なのか。のちに「永遠回帰」の思想圏にそくして、その可能性を考えてみたい〔四・3〕。

疚しい良心から罪と負債へ

第二論文の第四節において、ニーチェは新たな問いに着手する。「しかしもう一つの「陰鬱なこと」、すなわち罪の意識、「疚しい良心」なるものは、どうしてこの世に現われたのか」(『系譜』二・四)。ところが、この問いに答える「私自身の仮説」を定式化するのは、ようやく第一六節にいたってのことである。ひとまず要点だけを示すなら、その仮説によれば、人間が「社会と平和の呪縛」に囚われて、残虐の快楽を求める本能が内攻化したことによって、疚しい良心が誕生した(『系譜』二・一六)。この第一六節の仮説に辿りつくまでのニーチェの記述は、このような人間の社会化の過程を、もっとも基本的な人間関係の形式から辿りなおすものである。この記述によって、疚しい良心に繋がる人間の社会化が、約束しうる自律的個人の形成と並行する、その裏面史であることも明らかになるだろう。

ニーチェは「罪(Schuld)」の意識の由来を「負債(Schulden)」に求める(『系譜』二・四)。ニーチェは宗教的観念の起源に市場の論理とでもいうべきものを読みとるのであり、これはヴェーバーの宗教社会学ばりの洞察であるといえよう。なお、Schulden は Schuld の複数形である。単数形のほうの Schuld には「罪」と「負債」の両方を意味しうる両義性があり、ときに第二論文の解釈上の争いの種になっている。以下で紛らわしい場合は、「負債／罪」のようにスラッシュで訳語を並べておく。

ニーチェの見るところ、交換や売買こそは、あらゆる人間関係の基本にある根本形式である。交換や売買においては、契約の「約束」が交わされ、その約束の保証と記憶のために「抵当」が付けられる。典型的な抵当は、みずからの身体の一部である。抵当つきで約束がなされたにもかかわらず、それが守られないときには「負債」が発生することになる。この物質的な意味での負債こそが、罪責感の原初形態である。この負債の返済は、「損害と苦痛は等価である」（同前）という命題に基づく。すなわち債権者は、抵当として差し出された債務者の身体の部分に思うがまま暴力をふるって、主人として債務者を罰することが認められる。このようにして債権者は、被害の代償として、債務者に苦悩を与えることで、その「残虐（Grausamkeit）」による快楽と祝祭を享受するのである（『系譜』二・六）。さきほど「よい良心」において支配的理性が享受するとした昂揚感は、この残虐の快楽が内面的に洗練されたものである。

シェイクスピアの『ヴェニスの商人』では、アントーニオの一ポンドの肉が抵当になる。この戯曲の頓知は、ひとつには、ローマの美風とユダヤの契約主義との対立にあるように思われる。かつての慣習道徳においては、負債に対応する肉の部位や量が事細かく定められていたが、ニーチェの指摘によれば、ローマ法では、切り取る肉の量が多少ずれても不法ではないと規定されるにいたった（『系譜』二・五）。戯曲の舞台となるヴェニスでは、この古代ローマの美風はとうの昔に廃れていたのだろう。ユダヤ人の金貸しであるシャイロックは、かたくなに契約書を楯にとり、アントーニオの肉を切り取ることを求める。それに対して、そこまで契約書を一字一句まで遵守するなら血の一滴も流してはならないはずだ、とポーシャが混ぜかえすわけである。

犯罪と刑罰

第二論文のニーチェは、さらに「犯罪」もこの負債の観点から捉えなおす（『系譜』二・九）。先史時代において共同体とその成員は、共同体が平和と保護を与え、成員はその利益を享受するために、おのれの身体と生命を抵当に差しだすという契約の関係に立つ。犯罪者《フェアブレッヒャー》はこの共同体との契約の破壊者《ブレッヒャー》であり、共同体のほうは損害を被った債権者として、犯罪者への怒りを、抵当である犯罪者の身体と生命に対して刑罰のかたちで爆発させるのである。

さて、そうであるなら「刑罰」こそが「疚しい良心」を育てる揺籃であったはずであろう。じっさい、残虐な記憶術と刑罰によってこそ、人間は約束しうる動物になり、「よい良心」を獲得したのであった。疚しい良心の場合も同様であろう。罪《シュルト》の意識は負債《シュルデン》に由来する。犯罪は共同体に対して返済しえない負債を作りだし、共同体はその代償として抵当としての成員に刑罰を科す。だとすれば、犯罪を働けば刑罰を受けるという恐怖が、あるいは犯した罪のために科される刑罰の苦悩が、共同体に対する負債をあらためて自覚させ、疚しい良心を抱かせるはずであろう。ところがニーチェは、刑罰には後悔や罪悪感を目覚めさせる教育的な効果があるとする考え方を、きっぱりと拒絶する。それどころか、「まさに刑罰によってこそ、罪の感情の発達はもっとも強力に阻まれてきた」とさえ断定するのである（『系譜』二・一四）。刑罰を受けるとき、犯罪者はむしろ心を冷たく閉ざして、おのれの無能と不運を呪う。ふりかかる刑罰は、みずから招いた天災のように感じられるばかりで、そこになんら内面の痛みなど伴わない。

　どうして刑罰は疚しい良心を喚起しえないのだろうか。この問いに答えるには、疚しい良心の発達段階を区別しておくのが有益である。リッセによれば、第二論文の疚しい良心は、その発達の二段階として、初期段階の疚しい良心と、そこから発達した罪の意識あるいは罪責感としての疚しい良心とに区別することができる。[76] 慣習道徳における残虐な記憶術や刑罰などが惹き起こすのは、初期段階の「動物的な「疚しい良心」」であり、すぐに見るとおり、これは「内攻的に発揮される残虐」であると解釈される（『系譜』三・二〇）。これに対して、第二段階の罪責感としての疚しい良心には、犯罪者である自分が悪いという罪悪感と、それゆえに自己を罰せねばならないという自罰の当為がともなっている。こんにち「疚しい良心」ということで考えられているのは、このような罪責感のことである。ニーチェが釘を刺すのは、刑罰によってこの罪責感としての疚しい良心が目覚めたことはない、ということである。

　犯罪者といえども、犯罪行為に手を染めるまでは、世間に合わせて自制的に生活していたはずであろう。おのれの野蛮と放埒が溢れ出ることがないように、あやうく逸脱しそうなときは自己に罰を与えて、禁止を記憶に刻みこみ、誘惑から身を守らなければならなかった。このような逸脱と自罰、誘惑と記憶の鬩《せめ》ぎ合う心理状態こそが、初期段階の疚しい良心である。厳しい飼い主の懲罰に怯える犬には、ごく断片的にせよこうした良心が宿っているように見えることを思えば、これが「動物心理学」に属する事柄として「動物的」と称されるのも頷けるだろう。

これに対して、意を決めて犯罪行為に着手したら、あとはおのれの正義を恃《たの》んで遂行するのみである。捕らわれて刑罰を受けることになれば、不運と苦悩を呪うだろうし、ときには、つぎはもっと慎重に事を運ぼうと自己批判することもあろうが、これは悪賢さの洗練ではあっても、疚しい良心ではない。そこに見られるのはむしろ超道徳的に自律した精神であり、「よい良心」とさえ称しうる。もちろん、道徳化した軟弱な精神にあっては、刑罰によって「精力を挫かれ、憐れむべき屈従と自己卑下が現われる」こともあるだろう（『系譜』二・一四）。過去の犯行の場面に立ち戻って、後悔の涙とともに、おのれの決断を否定してみせることもあろう。だが、先史時代の人類にみられる乾いた粗野な心性にあっては、動物的な良心の呵責の軛《くびき》を逃れて、あえて共同体の掟に反逆した犯罪者が、おのれの決断を空想上の過去において否定するような、無益で甘ったるい心理劇に耽溺することはなかったのである。

2　内攻的残虐から神に対する罪へ

内なる残虐としての疚しい良心

こうして負債から刑罰へと話題を進めたあと、ついにニーチェは初期段階の疚しい良心の起源についての仮説を定式化するにいたる（『系譜』二・一六）。疚しい良心は、「原野、戦争、漂泊、冒険によく適合した半獣」である人間が「社会と平和の呪縛」に囚われて、それまでの「本能」

の遣り場を失うことに起因する。もちろん、その「社会と平和」は牧歌的な自生的秩序ではなく、「金髪の猛獣」である支配民族が圧倒的な暴政によって形成する「国家」である（『系譜』二・一七）。その国家においては、いたるところに治安のための防壁が巡らされ、半獣の「自由の本能」が野放図に発揮されるのを塞《せ》き止めている。こうして半獣の本能のエネルギーが逆流し、内攻化することになる。

国家組織が自由の原始本能に対して自衛すべく設けた恐るべき防壁〔……〕によってもたらされたのは、野蛮で自由な流離《さすら》い人のあらゆる本能が逆流して、人間自身に刃向かってくるということであった。敵意、残虐、迫害や襲撃や変革や破壊の快感——すべての本能がその所有者のほうへと向きをかえること、これこそが「疚しい良心」の起源である。（『系譜』二・一六）

残虐な暴力の快楽を求める本能が、支配者の国家秩序の檻に幽閉される。しかも住民たちは、本能の発露が四方の檻に触れることさえないように、みずからを訓練し、従順な被支配者として自己を訓育することを強いられる（これは昨今の進化心理学で「自己家畜化」とも呼ばれる過程である）。このような自己形成のためには、国家にかわって当人の理性そのものが、おのれの粗暴な本能の動きをつねに監視することが必要であろう。本能が逸脱して溢れそうになれば、おのれを罰して、以後も禁止事項として記憶せねばならないだろう。このような監視と記憶による「人間の内面化」が、はじめて人間に「魂《ゼーレ》（こころ）」と呼ばれる内的領域をつくるのである（同前）。やがて、自己の欲望の監視はメタ的な自己認知（あるいは自己意識）へと発展するだろうし、禁止事項の記憶からは人格的な意味での自己同一性が構築されることだろう。

塞き止められた本能のエネルギーが、この内なる魂の領野へ向けて解き放たれる。この本能は支配者の国家形成力と同じ類いの「権力への意志」であるが、それが自己に向かうことで、残酷ともいえる人格的な陶冶《ビルドゥング》と、それにともなう嗜虐的な快楽がもたらされることになる。このような内攻的残虐としての疚しい良心を記録するニーチェの筆致は、細部にいたるまで精確であるように思われる。一例だけ引いておく。

> この秘めた自己虐待、この芸術家の残虐さ、鈍重で反抗的な受動的素材としての自己自身に形式を与え、意志、批判、矛盾、軽蔑、否定を灼きつけるこの快楽、よろこんでみずからと分裂しようとする魂、苦しめることの快楽のために自己を苦しめる魂の、不気味な、恐ろしく愉快なこの仕事〔……〕（『系譜』二・一八）

ここでは、芸術家的な能動的自己と自然の素材としての受動的自己とが分裂して、そこに支配の関係が成り立つ。そのかぎりで「疚しい良心」は、さきほどの「よい良心」と構造的に同一である。おなじ良心の構造が、支配者と被支配者の場合で異なった相貌で現われるのである。このような差異は、心理学的には、活動性と快楽のありかの違いによるといえるだろう。よい良心は、おのれの理性的な自律によって、古い本能を原動力として従えて、外に向けて活動することに快楽を見出す。それに対して疚しい良心は、おのれの逸脱しがちな古い本能をそのつど罰し、くりかえし苦悩を与えることに快楽を求める。それゆえ疚しい良心における理性は、外に向けた行為を欠いて、みずからを内面的に訓育することだけに活動的なのである。

疚しい良心は「恐ろしく愉快な」仕事だとニーチェはいう。恐ろしいのは苦悩の快楽だからであるが、とはいえ苦しむことそのものが快楽であるわけではない。あくまでも苦しませること、苦悩を与えることが快楽なのである。しかし、ほかでもなく自己を苦しませるかぎり、その快楽にはどこまでもその等価物である苦悩が伴うから、つまるところ快と苦が相殺されてしまうだろう。ニーチェのあげる例では、自己犠牲の人は、おのれの欲望を押し殺すことに嗜虐的な快楽を覚えるが、これはもちろん欲望の側からは苦悩として感じられるはずである（同前）。残虐の快と苦とがひとりの心性のなかで同居するとき、それでも疚しい良心が全体として愉快な（すなわち「よろこんで」とりくむ）仕事であるためには、何が必要なのだろうか。

ひとまず答えの要点だけをいうなら、それはおのれの劣悪な本能などは虐げられ、厳しく調教されて当然であると納得すること、つまり自己虐待の正当化であるように思われる。この正当化の系譜学が、つづく第一九節以降の課題となるだろう。

自罰の正当な理由を案出する

ここには、第二論文の論証構造をめぐる解釈上の問題が絡んでいる。第二論文は「「罪」、「疚しい良心」、その他」と題されているが、その「罪」と「疚しい良心」とはどのように関わるのか。ここまでの第二論文の論述についていえば、「罪の意識、あるいは「疚しい良心」なるもの」の起源をめぐって、私法的な負債《シュルデン》から罪《シュルト》の意識がうまれたとする筋道（これを「負債論」とする）と、国家の檻のなかで残虐な本能が内攻化したことで疚しい良心がうまれたとする筋道（これを「残虐内攻論」とする）とが並列しているが、そもそもこの両者の関わり方が見えにくい。さらに、さきほどのリッセ式の良心の二段階の整理は、この二つの筋道にうまく乗るだろうか。この二段階の整理では、初期段階の「疚しい良心」を残虐内攻論に任せて、つづく発展的段階の罪責感については負債論による「罪の意識」に訴えることになるだろう。しかしこれは、負債と罪の起源を太古の慣習道徳における契約の原始的観念にまで遡るというニーチェの方針と符合しない。

しかしいま、内攻的残虐の正当性をどう確保するかと考えるとき、ほんらい負債論が果たしていた役割が見えてくるだろう。先史の慣習道徳において、負債を抱えた債務者は、それを返済できない以上は厳しく罰せられて当然であるとみずからを責めただろうし、債権者の残虐な暴力は正当な権利であると納得もしただろう。すなわち負債論は、このような残虐と苦悩の正当性の論理を準備していたのである。さらにこの正当性は、刑罰が疚しい良心を喚起しうるための要件でもある。国家に対する負債を認めず、刑罰の正当性を自覚しないからこそ、さきほどの犯罪者は、刑罰を科されても内面的にみずからを罰することがなく、良心の痛みを覚えることもなかったわけである。

ジャナウェイの再構成によれば、[77] 残虐の本能という生理学的基盤から罪責感としての疚しい良心がうまれるには、二重の契機が必要である。一つめは、外に向かう嗜虐的な欲望が「内面化」して、「内攻的に発揮される残虐」になることである。これによって、初期段階の動物的な疚しい良心が成立する。二つめは残虐さの正当化の契機であって、これによって他者への残虐な暴力が、債権者による正当な権利をもった罰として理解されることになる。この正当性の観念は、原始的な負債においても、債権者と債務者の両者において、あたかも快や苦に意味の隈取りを与えるように、くっきり意識に刻まれていた。そして、この二つの契機、すなわち内攻化と正当化が掛け合わされるとき、はじめて内攻的な残虐がまさに罰にあたいする自分自身に向かって発揮されることになり、その罰による苦悩は罪を贖うという意味をもつことになる。このような正当な自罰とその苦悩こそが、罪責感としての疚しい良心の正体である。

とはいえ普通の人には、このような形の疚しい良心を抱かなければならない理由はないだろう。返済できないほど巨額の負債など、たいていは身に覚えがないはずである。しかし他方で、ひとたび国家の檻に囚われたからには、残虐の本能のエネルギーを外向きに放出することは許されない。社会化された人間は残虐さを内攻的に発揮するほかなく、その自虐がもたらす無意味な苦悩は耐えがたいものである。それゆえひとは苦悩の意味を求めてさまよう。なんの罪があって、かくもわが身を苦しめなければならないのか。こうして迷い苦しむ人間はついに、おのれを罰すべき、かつその苦悩を甘受すべき正当な理由としての負債を、みずから起債するにいたる。ニーチェの洞察するところによれば、ひとは正当な理由があるから、自己を罰するのではない。

むしろ逆に、内攻的残虐の苦悩があるために、その理由を案出するのである。78

キリスト教の天才的悪戯

第二論文は第一九節以降、疚しい良心という病の「頂点」をめざして、負債《シュルト》／罪が増大してゆく宗教史を追跡している。第一九節によれば、「原始的な氏族社会」においては、ひとびとは氏族の創始者と守護者としての先祖に巨大な負債を負うのであり、それはどれほどの崇敬や犠牲によっても返済しえない。返済の義務を果たしえない負債が膨れるに応じて、債権者への負い目と恐怖はますます募り、ついに先祖は不気味な暗闇のなかで神へと移される。これが「神々の起源」である（『系譜』二・一九）。第二〇節によれば、このような「神性に対する負債の感情」は数千年にわたって昂進し、ついに「最大限の神としてのキリスト教の神の出現」へと到る（『系譜』二・二〇）。

第二一節では、このような「宗教的な前提」をふまえて、負債／罪の概念の「本来の道徳化」が語られる。すなわち、「疚しい良心を神の概念に絡ませること」によって、たんなる負債の重圧感としての疚しい良心が、ついに『道徳の系譜学』にいう「道徳（Moral）」の次元に到達するのである。ここでの道徳が、非利己性などのいわゆる道徳的価値の観点からではなく、もっぱら負債論の観点から定義されていることに注意してほしい。債務者としての人間は、負債／罪をみずから極大化することで返済／贖罪の見込みを跡形もなく奪いさり、おのれに「負債／罪の償却不可能」という烙印を捺して、「永遠の罰」を正当化する（『系譜』二・二一）。このような永遠に贖いえない（あるいは贖うことをみずからに禁じた）罪の意識が、さきに「局所反応的な罪」と対比した「実存的な罪」の意識であり、道徳性の核心にある罪責感の正体なのである。

とはいうものの、ひとが誠実に返済／贖罪の努力を続けるかぎり、いつかは負債／罪は消えるはずであろう。いかなる返済の努力もけっして届きえないような無限の債務など、はたしてありうるだろうか。この問いに「逆説的で恐るべき窮余の策」によって答えたのが、「キリスト教の天才的悪戯」であった（同前）。原始キリスト教団、あるいは『アンチクリスト』によればその首謀者であるパウロは、イエスの十字架での刑死という不慮の出来事に意味を与えるべく、神が人間の罪を贖うために身代わりで死んだと再解釈したのである（参照、『反キ』四一）。「債権者がその債務者のためにおのれを犠牲にした、しかも〔……〕その債務者への愛のゆえに！」（『系譜』二・二一）。

この代理贖罪の神学によれば、人間がみずから罪を贖おうとしても、つねに十字架の神が先んじて贖罪を済ませている。すなわち神は、贖罪の身代わりを買ってでることで、自虐的な人間が抱いていた漠然とした負債感の、真の債権者として名乗りを上げるわけである。これによって、すべての罪が「神に対する罪」へと集約されることになる。つまるところキリスト教の神とは、負債論のための道具であり、その最終的な産物なのである。この神学のさらに機知に富んだところは、神による贖罪は「愛のゆえに」であると釘を刺すことで、事後の弁済を封じる点にある。商売上手な神が打算的に先払いしたのなら、あとから利子をつけて返せばよい。しかし愛のゆえの犠牲は、弁済して帳消しにしようとすると、かえって取り消しえない負債として、うるさく背後からつきまとうことだろう。

神に対する罪

人間が後天的に罪を犯すに先立って贖罪する神というものが構想されたからには、当然ながら、それに対応する人間のがわの負債／罪もまた先天的なものでなければならない。しかも償却不能であるからには、それは生きるかぎり人間から分離しがたいものにちがいない。こうして、人間の生物としての動物的本能がそもそも神に対する敵意と叛逆であり、その所持じたいが「原罪（Erbsünde）」であると解釈されることになる。

つぎのニーチェの文章は、内攻的残虐としての初期段階の疚しい良心が、聖なる神という理想を「拷問の道具」にして、自己嗜虐を道徳的に先鋭化する場面をとらえている。人間はみずから「神に対する罪（Schuld gegen Gott）」を負い、神の前でおのれの尊厳を奪うことを欲するのである。ここまでの疚しい良心の系譜学を回顧しつつ、第二論文の大詰めへと迫るところなので、中略を挿みながら長めに引用しておこう。

> 内面的にされ、自分自身のうちに逐《お》い戻された動物人間の、あの自己呵責への意志、あの内攻化した残虐さ、飼い馴らすために「国家」の枠に閉じこめられた囚われ人、苦しませたいという意欲のより自然な捌け口が塞がれてからは、おのれを苦しめるために疚しい良心を発明した人間、――この疚しい良心の人間が、その自己虐待をもっとも恐るべき過酷と峻厳に

まで突きつめるために、宗教的な前提を手に入れたのである。神に対する罪という思想は人間にとって拷問の道具になる。人間はみずからの固有の断ちがたい動物的本能に対して見出しうるかぎり究極的に対立する反対物を、「神」において想定する。この動物的本能そのものを、神に対する罪〔……〕として解釈する。〔……〕これは魂の残虐さにおけるある種の意志の錯乱である〔……〕。人間の意志は、自分は罪滅ぼしもできないほど罪深く唾棄すべきものだと考えようとする。〔……〕事物の最奥の根拠にまでも罪と罰という問題の害毒を感染させることで、この「固定観念」の迷宮からの脱出路を金輪際、断ち切ろうと意志する。ひとつの理想――すなわち「聖なる神」――を樹立して、その面前でおのれの絶対的な無価値性を手づかみで確信しようと意志する。(『系譜』二・二二)

疚しい良心は「意志の錯乱」である。行き場を失った「力への意志」が、内攻的に自己嗜虐の快楽に耽《ふけ》るとき、それにともなう苦悩を意味づける正当化の論理をあわせて案出する。その論理は世界観にまで及ぶ。「聖なる神」を頂点に、「罪と罰」によって構造化される「道徳的な世界秩序」(『系譜』三・二七)を作りだして、その最底辺に自己を位置づける。この道徳的秩序の迷宮の底で、ひとはおのれに無価値の烙印を捺し、みずからを幽閉してしまう。ここにあるのは、「行為」を禁じられた人間の、恐るべき「観念の野獣性」が作りだす錯乱の論理空間である(『系譜』二・二二)。

よい良心の成立に貢献した「意志の記憶」(『系譜』二・一)は、疚しい良心においては「固定観念」の迷宮を断固として維持することに貢献している。そればかりか、この記憶はその後の歴史においても人間の精神を支配しつづけたのであり、その結果「われわれ近代人は、数千年にわたる良心の生体解剖と自己の動物虐待の相続人である」(『系譜』二・二四)。相続人としてのわれわれには、道徳律は普遍的な自然法であるように感じられ、良心は「人間の内なる神の声」のように聞こえてくるだろう(『見よ』系譜)。さきに言及したカントの「謙抑」の概念を想起してほしい。カントは謙抑の概念をいわば道徳現象学的に獲得したわけだが、系譜学者ニーチェはその謙抑の現象のうらに、疚しい良心のはるか遠い記憶を読みとるのである。

フロイト『文化のなかの居心地の悪さ』

さて、ここまでの第二論文の良心論をまた別の角度から捉えるために、ひとつ余談として、フロイトの『文化のなかの居心地の悪さ』(一九三〇年)との比較を挿んでおこう。[79]

そもそもフロイトの精神分析の洞察の多くは、しばしば指摘されるとおり、その先駆的な試みをニーチェに見出すことができる。無意識、衝動、超自我、抑圧、昇華、抵抗、エスの概念などは、ニーチェの読者ならば、まさに『道徳の系譜学』も含めて、対応するニーチェの断章をあれこれ想起することができるだろう。『トーテムとタブー』などに見られる、人間精神を系統発生的に歴史化して考察する方法も、ニーチェの系譜学の後塵を拝するものだろう。当時から、ニーチェの影響はしばしば精神分析サークルの面々の指摘するところでもあり、フロイト当人も承認せざるをえなかったが、しかし興味ぶかいことに、そこにはつねに特徴的な身振りでの否認が付け加わる。一例として『みずからを語る』（一九二五年）におけるフロイトの回顧を引いておこう。

ニーチェの予想や洞察は、精神分析が苦労して得た結論にしばしば驚くほど合致しているが、まさにそれゆえに私はニーチェを長いあいだ避けてきた。私には先取権よりも、とらわれない態度を保つほうが重要だった。[80]

まさしく精神分析的な両価性《アンビバレンツ》を如実に伝える文章である。フロイトはニーチェの「予想や洞察」が精神分析と「合致」することを認めたうえで、アイデアや言葉遣いに限って「先取権」をニーチェに譲ってしまう。しかしそれは慎重な予防線にすぎない。ただちにフロイトは、精神分析は先入見にとらわれない科学的探究によって「苦労して」構築した学説であると強調して、その点ではニーチェの遊戯的な思弁の影響を否定するわけである。

ニーチェとフロイトというテーマは、ヨーロッパの世紀末における精神史としても興味ぶかい課題だが、ここで論究するのは手に余る。ここではもっと限定的に、『文化のなかの居心地の悪さ』の第七節における良心論を検討したい。フロイトによれば、良心には二つの「発達段階」ないし「起源」がある。

第一は「社会的な不安」の段階である。文化のなかに生きる人間は、エロスの無秩序な発露を制御して、タナトスによる攻撃と破壊の衝動を抑えこまなければならない。性衝動や攻撃性を無秩序に外に溢れさせてしまうと、社会的な権威に罰せられ、その愛と庇護を失うことになるだろう。依存的な人間はそれゆえ、「愛の喪失に対する不安」を抱きながら、居心地の悪さに耐えるのである。これがいわゆる「疚しい良心」であるとフロイトは説明している。

第二は「超自我に対する不安」の段階である。人間の破壊衝動を手なずけるために文化は、その「攻撃性を内側にとりこんで、内面化する」ことを強いる。この強制によって、外的な権威が同一化的に精神のうちに取り込まれ、内的な「超自我」が成立する。この超自我は、かつての攻撃性を自己に向けて発揮して、サディスティクな良心として機能する。この懲罰的良心と服従する自我との緊張が、「罪の意識」として感じられるのである。さらに、自己監視的な超自我は、禁じられたはずの罪深い欲望がこころに蠢くことさえ見逃さずに、罰を与えると脅かす。激しい自己呵責によって欲望が禁欲的に制圧されるたびに、さらに超自我の権能が強化されることになるだろう。[81]

ニーチェを読むフロイト？

さらに詳細に跡づけることもできるが、とりあえず概略で十分であろう。さきにわれわれはニーチェの疚しい良心の議論を、初期段階（内攻的な残虐）から道徳的段階（神に対する罪の意識）への段階的な発達として読み解いた。タナトスの攻撃衝動が社会的権威によって抑圧され、さらにそれが内面化されて自己懲罰的な超自我となるというフロイトの良心の二段階説は、細かいところまでニーチェの議論に「驚くほど合致している」。ニーチェは「残虐の本能」や「聖なる神」というように生理学や神学に託して系譜学を語るが、あたかもそれらの論点がタナトスや超自我といった精神分析の術語で再定式されたかのようである。フロイトの良心の二段階説は、『道徳の系譜学』の第二論文の再構成的な解釈の試みであるようにさえ見える。もちろんニーチェの名前はフロイトのテクストからはきれいに抹消されている。しかし、その表面的な否認の身振りの裏側に、みずから『道徳の系譜学』を読み解き、精神分析の道具立てで独自のニーチェ解釈を提起しているフロイトの無意識を想像することは許されるように思われる。[82]

ただし、おそらくニーチェが洞察し、フロイトが見ていなかったのは、自己虐待の苦悩の正当化という課題である。フロイトはタナトスの攻撃性に着目し、その攻撃性が、外的な権威の同一化によって内的に成立する超自我へと継承されると分析した。これに対してニーチェは、内攻化した残虐の本能がもたらす苦悩に着目し、その苦悩の意味をいかに人は充実するのかを見届けようとした。この差異は些細なようだが、いささか意外な結果に繋がる。

すなわち、ニーチェの疚しい良心の人は、苦悩の理由をおのれの動物的本能の罪深さに求めるわけだが、しかしその理由が別のところに見つけられるなら、それはそれでかまわない。「自分が悪い」と自責する疚しい良心は、苦悩を意味づける理由をどこか外に見出しうるならば、「奴らこそが悪い」と他者を憎悪するルサンチマンになりうるし、またその逆の転回も可能なのである。苦悩の正当化の理由はどこに求めてもよい。その自在性が、第二論文の疚しい良心と第一論文のルサンチマンとを繋ぐ。ただし、そのためには僧侶による先導が必要である。その僧侶による巧妙な心理操作の手法が、つづく第三論文の主題である。

3　禁欲主義の理想

第三論文の問い

第三論文は「禁欲主義の理想（asketische Ideale）は何を意味するか」と題して、芸術家、哲学者、大衆、僧侶、科学者などの多彩な観点から、さまざまな禁欲（禁欲主義）をいささか饒舌に語っている。とはいえ第三論文の真の主題のありかは、僧侶の禁欲主義、それも大衆に対するその影響力である。『この人を見よ』における要約によれば、第三論文で問われるのは、「禁欲主義の理想、僧侶の理想は、すぐれて有害な理念であり、終末への意志、デカダンスの理想であるにもかかわらず、どこからその法外な力が出てくるのか」という問題である（『見よ』系譜）。禁欲の理想というのは、標語にすれば、「清貧、謙譲、純潔」（『系譜』三・八）のようなものである。みすぼらしく貧弱なこうした理想が、僧侶の手にかかれば、ヨーロッパ精神を骨の髄から道徳的価値観に染めぬく、巨大かつ持続的な感染力をもつにいたったのである。

これは『道徳の系譜学』の第一論文と第二論文が積み残した問題に答えるものでもある。じつはこれまでの二つの論文は、道徳的な価値転換のいわば勝因の問題を素通りしてきた。第一論文では、貴族道徳と奴隷道徳とが対立していた。では、権勢を誇る貴族が、なにが悲しくて道徳の奴隷蜂起に膝を屈して、ルサンチマン的な価値評価を受け容れなければならなかったのか。もっと限定的にいえば、ローマの貴族はユダヤ的な善悪の価値を足蹴にすることもできたはずなのに、キリスト教の十字架に頭を垂れるにいたったのは恐るべき奇観ではないか。第二論文では、二つの良心が対比的に描出された。それにしても、よい良心をもつ自律的な個人がその気高い矜恃を貫くことができずに、疚しい良心に浸され、謙抑に躾けられたのは不可思議というほかない。どうしてヨーロッパの道徳は、「実存的な罪」の意識を基調とする陰鬱なものになってしまったのか。

とはいえ、貴族や自律的個人に対する道徳の勝因について論ずるまえに、先決問題として、大衆に対する禁欲主義の影響力について調べよう。貴族のほうはその応用で解けるはずである。大衆あるいは「死すべきものの大多数」（『系譜』三・一）にとって、禁欲の理想が有する「法外な力」はどこに由来するのだろうか。この問いに第三論文はもっとも多くの紙幅を割いているが、その要点はつぎの三つに絞りこむことができる。[83]（1）苦悩は人間の基本的な条件である。（2）意味のない苦悩は耐えがたい。（3）禁欲主義の理想が苦悩に意味を与える。それぞれ、すこし敷衍しておこう。

（1）苦悩が人間の基本条件であることは、ニーチェがショーペンハウアーから学んだ根本洞察の一つである。ニーチェは、苦悩というものを多層的に捉えている。『悲劇の誕生』では生成のディオニュソス的な苦悩が語られ、その後の実証主義的な時代には生理学的な不具合や不調にも注意が向けられ、『道徳の系譜学』の第一論文では社会階層的に虐げられる弱者の憤懣や怨恨が、そして第二論文では国家の檻のなかで内攻化した残虐が強いる苦痛が論じられた。苦悩の由来はさまざまだが、人間が苦悩する動物であることは逃れられない定めである。

（2）とはいえ問題は苦悩そのものではない。冒険や戦争を愛する自然児としての人間にとっては、さまざまな抵抗にともなう苦悩は、憎めない随伴者のようなものである。ニーチェの見るところ、そのような苦悩を克服して成し遂げるときにこそ、力への意志は躍動し、生は充実する。人間にとって苦悩は、生の健康のための必須の前提である。苦悩において呪わしい問題は、苦悩の現前そのものよりも、むしろ「「何のために苦悩するのか」という問いの叫びに答えが欠けていること」、すなわち「苦悩の無意味さ」なのである（『系譜』三・二八）。

（3）僧侶は禁欲主義の理想を掲げて、平信徒の問いの叫びに答える。汝らは禁欲の聖なる掟を犯すがゆえに、罰せられ、苦悩せねばならない、と。これによって苦悩そのものが解消されるわけではないが、ともあれ苦悩に意味が与えられ、ひとつの意志が救われる。すなわち、憎悪すべきおのれの動物的本能を克服し、ひたすらに禁欲主義の理想を実現しようとする「無への意志」が肯定されるのである。第三論文は最後に、「人間はなにも意志しない（nicht）よりは、むしろ無（Nichts）を意志する」という一句で締められる（同前）。

疚しい良心からルサンチマンへ

このような僧侶による苦悩の解釈学は、苦悩とその意味、禁欲の掟を犯す動物的本能といった個々の論点にそくして見ると、すでに第一論文のルサンチマン論、第二論文の疚しい良心論で論究されたものであることがわかる。第三論文は禁欲主義という新たな観点から、ルサンチマン論と良心論とを連絡するのである。さきに引いたオーヴァーベック宛の葉書が種明かしするように、第一論文のルサンチマンと第二論文の疚しい良心とは、わかりやすさのために人為的に分離して論じられた。その二つの道徳の原動力がひとつの道徳的な心性をどのように構成するのか、それを禁欲主義の系譜学として解明するのが、第三論文に積み残された課題である。

そのような道徳的心性の構成の秘密を握るのが「僧侶」である。僧侶は禁欲主義の理想をつかって大衆を操作して、ルサンチマンと疚しい良心とを自在に切り替えることができる。「僧侶はルサンチマンの方向転換者である」（『系譜』三・一五）――これが第三論文を先導する作業仮説である。もはや念押しするまでもないが、ここでの「僧侶」とは、宗教組織における僧侶階級の人物だけでなく、人間精神において才気に富み、狡猾で、自己統治に長けた部分のことをも意味している。後者の意味での僧侶は、人間精神がおのれの情緒的な純潔さを欺瞞的に保持するために、その政治的な狡猾さをいわば自己隔離するという操作によって成立する。

以下では、まず疚しい良心からルサンチマンへの、つぎにルサンチマンから疚しい良心への方向転換を見届けるという切り口から、僧侶の禁欲主義の理想が大衆に及ぼす「法外な力」を検討することにしたい。

疚しい良心からルサンチマンへの方向転換は、ニーチェが明示的には論じていない方向であるが、およそ時代順にそって考えることで、その系譜学を再構成することができるように思われる。第二論文は先史の慣習道徳における二段階の疚しい良心から、「キリスト教の天才的悪戯」へと到る。第一論文は、そのキリスト教の成立前夜のルサンチマンの心理学を活写するものである。まず二段階の疚しい良心について再確認しよう。先史の慣習道徳において、国家の檻に囚われた人間は、残虐の本能を内攻化して、自己を嗜虐的に訓育するのであった。すでに引用したとおり、この段階の疚しい良心は「動物心理学」に属する事柄であり、「罪の感情／負債感」もいわば「なまの状態」にある。

それが、僧侶、すなわち罪の感情における本当の芸術家である僧侶の手にかかると、はじめて形《ゲシュタルト》をなす――おお、なんという形か！　この「罪（Sünde）」なるもの――動物的な「疚しい良心」（内攻的に発揮される残虐）を僧侶が再解釈すれば、こう呼ばれるのだ――、これこそは病める魂の歴史における最大の出来事であった。（『系譜』三・二〇）

僧侶＝芸術家は、被統治者の漠然とした自責感、文化のなかの居心地の悪さに、「宗教的解釈」を与えて、いわばアポロン的に形態化する。原罪を負う人間とそれを贖う神という宗教的な世界観をえがき、その垂直的な距離を人間の心に埋めこむことで、道徳的な精神を形作るのである。その結果として、疚しい良心はつぎの道徳段階へと発展する。つまり、第二論文における疚しい良心の二段階的な発展そのものが、じつは僧侶による解釈的な介入と操作によるものだったわけである。

ルサンチマンの論理、ふたたび

こうして実存の核心に罪責感を埋めこまれた人間は、道徳的な威信を笠に着て、自己を邪悪なものとして虐げ、その残虐の苦悩を忍辱する。しかし、いつまでもそのような自己加虐の苦悩に耐えることなどできるものではない。第二論文で描写されるように、ついに「この呵責と背理の夜のなかで、愛の叫びが、はるかな憧憬に満ちた歓喜の叫びが、愛における救済の叫びが響きわたる」（『系譜』二・二二）。ひとは深き淵から神に呼ばわり、「愛における救済」を、すなわち価値転換を求める。その叫びを聞きつけて、僧侶は答える。善き神に対する罪を自覚し、みずからを深く罰する者だけが、神に嘉《よみ》される、と。こうして私の悪しき罪の悔恨は、神による私の善性の祝福へと転換されるのである。孤独な疚しい良心は、「神は善く、私は悪い」と告げる。これに対して僧侶は、神という媒介を噛ませることで、「私は悪い、それゆえに（つまり善き神に嘉されるがゆえに）私は善い」という反転の論理を教える。

このような価値転換は、まさしくルサンチマン的である。現実の世界では、貴族が国家を統治しており、望ましい価値を独占して、弱者に苦悩を強いている。僧侶がここで弱者に推奨するのは、貴族がもつ価値を現実的に奪取することではなく、たんにその価値に邪悪の表象を貼りつけて復讐することである。弱者の耳元で僧侶は囁く——たしかに汝は悪い、しかし本当に悪いのは、おのれの罪を認めず、英雄的な神々しさを誇り、驕りたかぶる者たちである、と。邪悪な現実から撤退した、神とじかに対面しうる論理空間のなかで、僧侶の手によって神から弱者に善の表象が授けられる（この神はもちろん、ギリシアの神々のように狼藉を働くことのない、禁欲主義の理想としての神である）。おのれの動物的本能を押し殺した弱者の謙抑は、じつのところ支配者が強いる拘束への順応（自己家畜化）にすぎないが、この禁欲主義の論理空間においては、それが神の嘉する善性として祝福される。このように現実的な価値の闘争から撤退して、別の価値基準をもつ論理空間へと移行することこそが、ルサンチマンの特質であろう。

さて、ここからルサンチマン論をふりかえってみれば、第一に、他者を邪悪化し、新たな価値を定立するルサンチマンの法外な創造力は、じつは疚しい良心における自己加虐とその苦悩が外に向けて吐き出されたものであることが判明する。たんに社会的に虐げられる者ではなく、虐げられ、しかもおのれを虐げる者こそが、その自虐的な苦悩の深き淵より、新たな価値創造者として立ちあがる。

第二に、そうであるからには、邪悪な他者の原型は、ほかならぬ邪悪な自己である。強さはたんなる自然的な差異であり、邪悪として断罪されるべき価値ではない。強い者を道徳的に糾弾するとき、ひとはかつての自己を、（より厳密には）自己欺瞞的に本来の自然的価値をいまだ欲望している自己を、邪悪なものとして糾弾しているのである。

第三に、弱者がルサンチマン的に獲得する善の表象は、たんに強者の邪悪との対比に基づくのではなく、僧侶による反転の論理に基づく。私は原型的に邪悪であるから、たとえ強者が邪悪だとしても、ただちに対比的にその私が善くなるわけではない。私が善いのは、神という禁欲主義の理想に照らして私は悪いのだが、その悪を懺悔する私を神が祝福するからである。

ルサンチマンから疚しい良心へ

こんどは逆にルサンチマンを出発点にして再構成してみよう。いま明らかになったように、ルサンチマンの前提には、社会的な不遇と良心の自虐による苦悩がある。苦悩する者は苦悩の原因としての加害者を探す。「苦悩に感受性のある、罪ある加害者」を発明して、そこに怒りと憎悪の激情をぶつけて、みずからの苦悩を紛らわせたいのである。「激情を吐き出すことは、苦悩者の最大の鎮痛法、すなわち麻痺法である」（『系譜』三・一五）。僧侶は平信徒たちのルサンチマンを扇動しつつ、「激情による苦痛の麻痺」という「麻酔剤」を処方してやる。価値転換とは、この「麻酔剤」の服用のための説明書きのようなものである。ルサンチマンの徒は、激情を吐き出すのは加害者が邪悪であるがゆえに正当に許される、という説明を信じたいのである。

もちろん、扇動される側とて無邪気なわけではない。憎悪の激情をぶつけることによって支配が転覆されるとは、だれも信じていない。苦悩に消耗する人々が願うのは、「正義、愛、知恵、優越のせめて素振りだけでも見せること」、「美しき魂」を演出すること」である（『系譜』三・一四）。こうした「道徳の自慰者《オナニスト》」（同前）にとって、道徳的に悲憤慷慨する「善意の人」であることを見せびらかして、「「僅かばかりの優越性」による幸福」に耽ることが、「もっとも贅沢な慰めの手立て」になる（『系譜』三・一八）。慢性的な不快感に苦しむ頽廃的な生をそれでも維持するには、偽りと知りながらも、道徳的な大騒ぎを演じて自慰的に喜びを作り、苦悩を鎮めることが不可欠なのである。

もちろん麻酔剤には代償がつきものである。すなわち「こうした感情の放蕩は病人をもっと病気にする」（『系譜』三・二〇）。この麻酔剤は「痛みを鎮めながら、同時に傷に毒を塗る」という類いのものだからである（『系譜』三・一五）。禁煙時の苛立ちを強いニコチン剤で鎮めれば、いっそう中毒になるようなものである。ルサンチマンの人が、どれほど道徳的な悲憤慷慨をぶちまけても、たしかに一時的な感情の虚脱状態はもたらされるにせよ、邪悪なはずの貴族の圧制が揺らぐわけではない。いっそう不条理にも栄華をきわめる貴族をまえに、苦悩は深まる。俳優的な僧侶は、その不条理のもとで苦悩しつつ憤慨するという演技によって、大衆の憎悪があらためて爆発するように誘発し、こうしてまたしばらく苦痛の麻痺した状態が来るが、それも長くは続かない。このような激情の破裂と麻痺状態の反復によって、「畜群のなかでは、あのもっとも危険な爆発物であるルサンチマンが、たえず蓄積されつづける」のであり、その結果、「畜群の内部には無政府状態《アナーキー》と〔……〕自己解体」の危険が迫ることになる（同前）。

このような自己解体的なデカダンスが畜群に蔓延していることを、僧侶は見逃さない。なにしろ僧侶こそが典型的なデカダンスの徒なのである。しかし僧侶には、先頭に立って畜群を指揮するに足る狡知と気概がある。「飼い慣らされた人間」たちは、デカダンスの病に苦しみながら、「死を相手に（もっと精確には、生の倦怠、疲労、「終末」への願望を相手に）生理学的に格闘している」（『系譜』三・一三）。僧侶はその格闘に新たな方向を与えるのである。病人は苦悩の意味を求めて、自分が苦しいのはだれかのせいにちがいないと考えたがる。しかし、そのように外部に吐き出されるルサンチマンは、結局は行き止まりになるだろう。そこで僧侶は新たな憎悪の宛先を、だれか「罪ある加害者」を用立てる。そして僧侶は驚くべきことを告げる、「汝こそがそのだれかである」、と（『系譜』三・一五）。「苦悩の原因をおのれのなかに、その罪のなかに〔……〕探せ。その苦悩そのものが刑罰の状態であると弁《わきま》えよ」と僧侶は説く（『系譜』三・二〇）。この

「ルサンチマンの方向転換」によって、疚しい良心が成立するのである。

禁欲主義の逆説的な論理

ルサンチマンの方向を転換するには、そこに新たな罪状が必要であろう。くりかえし強調するにあたいすることだが、罪があるから、ルサンチマンが向けられるのではない。ルサンチマンを向けるために、罪が作られるのである。禁欲主義の理想とは、新たな「罪人（Sünder）」を仕立てるための工夫である。動物的本能や人間的な弱さをいっさい断ち切るような禁欲を理想の基準にすれば、万人が罪人になりうるからである。

僧侶は率先して禁欲を実践し、自己を罰してみせて、平信徒に禁欲の作法を教える。こうして、だれにとっても自己自身が、すべての苦悩をもたらす罪人であり、良心の感情的な破裂の正当な捌け口になる。その自己自身である私は、高貴な強者のように、みずからに向けられた道徳的な悲憤慷慨をなにげなく足蹴にしたりはしないだろう。私こそは、どこまでも、禁欲の掟を犯したと罪を白状し、内攻的なルサンチマンの激情に傷つき、苦悩するさまを見せて楽しませてくれる、私の唯一の相手である。

これらすべては最高度に逆説的である。われわれがここで直面しているのは、自己自身を分裂させようと意志する分裂である。この苦悩において自己を享受する分裂、その固有の前提である生理学的な生命力が減衰するほど、いっそう自己を確信し、勝ち誇る分裂である。

（『系譜』三・一二）

禁欲とは、おのれを服従者と処罰者に分裂させようとする意志である。この自己分裂からは、欲望の煩悶と監視の愉悦が、受刑の苦痛と加虐の快楽が、双子のように同時に生じてくる。おのれの衰弱した生命力をさらに封じこめることが、そのままサディスティクな理性の自信と勝利になる。ミュラー＝ラウターが的確に指摘するように、この「禁欲的な生」の逆説的な論理空間では、生の否定だけが生の肯定を可能にする。[84] 生はおのれを分裂することによってのみ、統合を保つことができるのであり、この統合もただちに分裂せねばならない。禁欲主義とは、どこまでも逆説的なこの生の迷路に歩み入ろうと、そしてそこで生き延びようとする意志なのである。

なぜ貴族は僧侶に屈したか

ではつぎに、禁欲的な僧侶がどのように支配的貴族や自律的個人に食いこみ、ルサンチマンと疚しい良心の道徳を勝利へと導いたのか、という問いを検討しよう。意外にもニーチェは、この問いに明示的に答えていない（おそらく、あまりにも僧侶的であるニーチェの精神には、禁欲主義の魅力が強すぎて、この問いが見えないのだろう）。

とはいえこの場合も、いま検討した大衆の場合と同じく、禁欲主義の理想が苦悩に意味を与えるというのが基本的な論点である。なんといっても、苦悩は人間の基本的条件だからである。支配的貴族も苦悩からは逃れられない。貴族たちは「同輩の間で」は相互に厳しく拘束しあうのであり（『系譜』一・一一）、そこには文化的な生活の鬱憤がつきものである。約束しうる自律的な個人は、みずからの気まぐれな情念を理性によって制圧せねばならないが、もちろん虐げられた情念は苦しむだろう。このような苦悩が、かつてのように貴族社会の外での乱暴狼藉や、本能的で自由な諸活動による気晴らしによっては容易に解消されないことが、僧侶につけいる隙を与えることになる。

　この背景には大きな時代の趨勢がある。かつてのアッティカ悲劇においては、生成のディオニュソス的な苦悩が、アポロン的な形象化の原理との統合によって救済された。『偶像の黄昏』で指摘されるように、ソクラテスは、当時のギリシア精神からそのような悲劇的救済の条件が失われつつあることを見抜いた。ソクラテス自身と同じような「頽廃的変質」が〔二・4〕、ギリシアの貴族たちの魂を蝕みはじめていたのである（『偶像』ソクラテス 九）。かつてのホメロスの世界であれば、愚かな悪行や錯乱は、神々がひとを惑わしたのだと責任転嫁すればよかった。「神々は悪の原因として役立っていた。神々が〔……〕罪を引き受けた」（『系譜』二・二三）。しかし神々がコスモスから退くと、魂のうちで荒れ狂う欲望や悪徳のすべてが人間の自主管理に委ねられることになる。たしかにそこからはさまざまな人間ドラマが展開されるだろうが、それはもはや悲劇ではない。おのれのなかに美学的に救済しえないカオスを抱えて、ギリシア人は疲弊していた。ソクラテスは、理性的に自己を統治する哲学の立場を標榜することによって、デカダンスの時代の要請に応えたのである。

　英雄と半神の神話時代が終わり、人間の歴史時代が始まる。伝統と慣習に忠実である貴族が、人間の覚醒という大きな歴史的趨勢に対応できずに狼狽し没落してゆくなかで、人間の心理学に通暁した僧侶だけが新たな理想を提示することができた。ちなみにニーチェによれば、仏教はキリスト教と同じく「デカダンスの宗教」である。仏教は、苦悩を過敏に感受し、論理的に思い悩みすぎた結果としての「憂鬱（Depression）」の精神状況から成立した。しかし「実証主義的な宗教」である仏教は、心身の衛生学を工夫して、憂鬱に対して現実主義的《レアリスティシュ》に対処した（『反キ』二〇）。それに対して、キリスト教の僧侶が採用した禁欲主義は、貴族にとっては自殺的ともいえる選択肢であった。それが受け容れられた理由はたんに、「それがそのとき唯一の理想だったから」、つまり「対抗理想が欠けていた」からにすぎない（『見よ』系譜）。それゆえにこそ、新たなツァラトゥストラの理想によって更新することもできる。だがそれまでは、キリスト教の僧侶だけが、ヨーロッパの憂鬱を癒す手立てを知っている唯一の医者なのである。

ルサンチマンの仲間に引きこむ

くわえてキリスト教には、貴族的な人々を惑わす特殊な仕掛けがあった。すなわち「「十字架の神」という逆説」、「人間の救済のために神がおのれを磔刑にした」というあのパウロの天才的な悪戯である（『系譜』一・八）。そもそも、国家のためにわが身を顧みず戦うのは戦士貴族の美徳であり、戦死者を崇敬するのは戦闘国家の神聖な義務である。のちの世代の支配者は、国家を守った功労のある先祖の戦死者に大きな負債を感じる。ここにつけこんでユダヤの僧侶は、ローマ人の罪をも償うべく神はみずからを犠牲に捧げたのであり、神は人類の罪との戦いにおける戦死者である、と説いたのである。

そこに殉教の魅惑が加わる。『アンチクリスト』でも注意されるように、たしかに十字架によって真理が証明されるわけではないが、やはり殉教は人心を誘惑する。殉教者の死は、いかにも意義深いことが懸けられているように思わせる（『反キ』五三）。現代でも抗議の焼身自殺やハンガー・ストライキが、その主張内容の正当性はともかく、その残虐なまでの真剣さで耳目を引くのと同様である。そのような殉教の魅力が、「十字架にかけられた神」という最大級のシンボリズムのもとで、貴族的な精神をも引きこんだのである。

殉教の魅惑と天才的悪戯をあやつる僧侶の目標は、高貴な人々にも疚しい良心を植えつけることである。いいかえれば、弱者のルサンチマンの激情の正当な宛先であり、その糾弾に苦しむべき当事者であると、貴族に自認させることである。ルサンチマンの徒の復讐がいつ果たされるのかとの問いに、ニーチェはつぎのように答える。

> それは疑いもなく、ルサンチマンの連中が、かれら自身の惨めさ、総じてあらゆる惨めさを、幸福な人々の良心のなかに滑りこませることに成功したときである。そうなれば、いつの日か幸福な人々がみずからの幸福を恥じるようになる〔……〕。〔……〕しかし、幸福な人々、出来のよい人々、心身ともに強力な人々が、こんなふうにみずからの幸福への権利を疑いはじめることにもまして、より大きな宿命的な誤解はありえないだろう。（『系譜』三・一四）

幸福な人々にとっての危険は、真剣で苛烈なルサンチマンの感情にナイーヴに絆《ほだ》されてしまうことである。ルサンチマンの情動的な感染は、道徳感情としての同情（Mitleid＝共苦）の共同体を創出し、その共同体では、あたかも全員が平等に苦悩の義務と「幸福への権利」を有し、特権的に享受される幸福は恥辱であるかのような「誤解」が蔓延する。ニーチェが続けるには、そのような民主主義的な誤解によって、高貴な精神から「距離の感情《パトス》」が失われることが宿命的な災いである。「この恥ずべき感情の柔弱化を捨てよ！」とニーチェは命ずる。「ピラミッド」のように高低差のある位階秩序を信じる勇気こそが、創造的な高い文化の条件である（『反キ』五七）。ニーチェがくりかえし「人間への大いなる同情」（『系譜』三・一四）に警鐘を鳴らすのは、それが距離のパトスを弱めることで、人類の文化的な未来を奪うからである。

4 道徳批判の系譜学

キリスト教の誠実さ

『道徳の系譜学』の第三論文はこのあと（第二三節以降）、近代科学の禁欲主義とその「真理への意志」について批判的に論じたあと、キリスト教の「自己超克」に説き及んで締めくくられる。論点は多彩だが、私の見るところ、これはニーチェの道徳批判についての系譜学の試みとして読むのがよい。これまで見てきたとおりキリスト教道徳がヨーロッパ精神を芯から支配したのであれば、どうしてそこからニーチェのような破格の道徳批判者が登場しえたのだろうか。

すでに論じたように「道徳の系譜学」とは、歴史化された超越論的探究として、道徳についての人間の歴史的な自己理解の試みである［一・2］。だとすればその試みは、最後の課題として、まさしくニーチェ自身の哲学的営為としての道徳批判について反省し、その歴史的な使命を哲学的自覚へともたらさなければならないだろう。それがすなわち〈道徳批判の系譜学〉である。ヘーゲルは『精神現象学』において、精神のさまざまな歴史的な現象形態を回顧的に辿ることで、絶対知にいたる精神の自覚的な生成をえがいた。そこでは、哲学的な高みから歴史を反省している精神自身がおのれを問い尋ね、みずからの精神が自己形成を遂げた過程としての歴史へと超越論的に反省を向ける。ニーチェはこのヘーゲルの歴史哲学の衣鉢を継いで、道徳批判にいたるまでの精神の歴史的自覚を系譜学として記述するのである[85]。

ひとまず大筋でいえばその系譜は、キリスト教の誠実さが近代科学における禁欲的な真理への意志へと継承され、ついにその意志が現代にいたってキリスト教道徳の虚妄を暴く道徳批判に結実した、というものである。ニーチェにとってこれは、当時すでに自家薬籠中の論点であった。第五書が増補された『愉しい学問』の新版が出たのは、『道徳の系譜学』と同年の一八八七年である。『道徳の系譜学』第三論文の第二七節には、その第五書の一節が引用されている。その一節は「二千年にわたる真理への訓育のすえの畏怖すべき破局」としての、「無条件的に正直な無神論」について語り、つぎのように続く。

> いったい何がキリスト教の神に勝利したのか〔……〕。それは、キリスト教的な道徳性そのものであり、ますます厳格に解される誠実さの概念であり、科学的な良心にまで、いかなる犠牲をも厭わない知的な清廉にまで翻訳され昇華された、キリスト教的な良心の聴罪司祭式の精密さである。(『愉学』三五七)

そもそもキリスト教に固有の誠実さとは何だろうか。キリスト教の神は、ルサンチマン的な価値転換によって定立される善の価値を保護し、疚しい良心に苦悩する者を来世で救済する。神こそが道徳的世界秩序の要であり、信賞必罰の担い手である。しかしそれゆえに、キリスト教の道徳意識は、自己欺瞞的でありつつ、その自己欺瞞から逃れる運動にならざるをえない。ひとは神をまえに自問する。私の道徳的な善行はきっと神によって嘉されるだろう。しかしそうなら、そもそもその善行なるものは、神の気を引くための打算的な偽善にすぎなかったのではないか。きっとそんな下心を抱かず朗らかに功徳を積む善意の人こそが、神に愛されるのだろう。いや、このように神を求めて迷い、おのれの誠実さを猜疑して苦しむ者こそ、真の意味で誠実であり、神によって救われるにちがいない。なんということ！　こんな腐臭ただよう煩悶までをも、道徳的誠実性と称して神に捧げようとは。それではまるで私の良心の苦悩は、天国への入場券を贖うための神への賄賂ではないか……。

真理への愛と近代科学

キリスト教は、罪を深く自覚して懺悔せよと求める。その懺悔は、神への賄賂にならないよう、私心なく徹底的に誠実でなければならない。その徹底的な誠実さは、利己と社交とを賢明に案配することを尊ぶアリストテレスなら、極端に振れた悪徳として蔑むようなものであろう。キリスト教道徳の善は、明朗に輝くイデア的な存在というよりも、むしろつねに偽善と自己欺瞞の影から離脱しつづけようとする意志である。誠実さは「ますます厳格に解される誠実さ」でなければならず、立ち止まると不誠実に転落してしまう。おのれに甘い下心や打算的な関心を「聴罪司祭式の精密さ」で見透かして暴き立てる「知的な清廉」が、そのつどかろうじて誠実さを構成する。キリスト教の精神は、ルサンチマン的な自己欺瞞の汚泥から育ったことをいつまでも良心に疚しく感じるのであり、それゆえにこそ、禁欲主義の理想としての純粋な「真理」に憧れの矢を放つのである。

キリスト教的な真理への愛には禁欲主義の逆説がつきまとう。『愉しい学問』の第三四四番によれば、「真理への意志」が意味するのは、「私は欺きたくない、私自身をも」という切なる願いであり、ここに「道徳の地盤」がある。道徳の願いは自己欺瞞からの浄化である。しかし現実の人間的な生の形式は、揺らめく欲望、巧みな偽装と幻惑、政治的な狡猾さに彩られたものであらざるをえない。それゆえ道徳的に誠実な人は、生への意志よりも、むしろ「死への隠れた意志」を抱く。現実の世界ではなく、その反対の別の世界を、神的な真理が支配する形而上学的な世界を希求する。もちろんそれは、この虚無の世界への「形而上学的な信仰」によって、頽廃的な生をせめて維持するためである（『愉学』三四四）。

『道徳の系譜学』のニーチェは、キリスト教的な禁欲主義の理想の現代版として「近代科学」をあげている（『系譜』三・二三）。ヴェーバーの周知の表題をもじっていえば、「キリスト教の禁欲主義と近代科学の良心」とでも称しうる観察である。物理学に代表される近代科学は、多彩で不安定な現実よりも、数学的に記述されうる理念的世界を愛好するが（これはフッサールの『危機』書でも弾劾されたところである）、そのようなプラトニズムはかつての「形而上学的な信仰」の残滓である。あるいは逆に、この新たな形而上学的信仰が挫折した場合には、禁欲主義の方向が、いっさいの解釈を断念して「事実」だけをひたすら記述する実証主義的な態度へと転ずる場合もある（『系譜』三・二四）。

ニーチェの見るところ、近代の科学者が誇りとする、方法論的な厳格さ、自己拘束的に狭くなる専門主義、真理への飽くなき執念、学問への実存的な献身は、かつてのキリスト教徒の禁欲主義の現代的な形態にほかならない。この事情は、神話的な中心の喪失が古典文献学のソクラテス主義へと帰結した場合と等しい［一・1］。科学者の場合にも、神に統べられた真善美の秩序や、普遍的歴史の大目標などがすべて色褪せた現代にあって、科学的良心にかなった多忙な活動は、「理想の喪失の不安」と「自己蔑視」の隠れ家になり、「自己麻酔の手段」になっている。科学者は内心に不満を抱いて苦悩しつつ、その正体を隠そうと科学の理想と営為で偽装している。だからニーチェの忠告するところでは、学者と話すさいは、なにげない一言で正体を突くと激憤を買うことがあるので要注意なのである（『系譜』三・二三）。（——この忠告はいまでも有効である。哲学研究者と話すときにはとくに用心したほうがよい。)

キリスト教の自己超克

キリスト教道徳の誠実さが、近代科学の真理への意志として継承される。この「科学的良心」にそった見地からは、神の摂理による道徳的世界秩序や、最後の審判による信賞必罰の物語などは、もはやお伽話にすぎない。キリスト教の「教義」は、こうして(遅くとも)啓蒙主義の時代に没落した。これはキリスト教がみずからの手足を共食いしているようなものであるが、このつぎには、ついにみずからの心臓である「道徳」を食い破る段階が来るはずである。ニーチェはキリスト教の自己超克をつぎのように語り、道徳批判の系譜学を結んでいる。

偉大なものはすべてそれ自身によって滅びる、自己止揚の働きによって滅びる。生の法則が、すなわち生命の生成における必然的な「自己超克」の法則が、そう欲するのである。〔……〕そのようにして、教義(Dogma)としてのキリスト教は、それ自身の道徳によって滅びた。いまや同じく、道徳(Moral)としてのキリスト教もまた滅びざるをえない〔……〕。キリスト教の誠実さが次々とその結論を引きだしたあと、ついに最強の結論を、みずからに刃向かう結論を引きだす。これが起こるのはしかし、その誠実さが「あらゆる真理への意志は何を意味するか」という問いを立てるときである。(『系譜』三・二七)

情け容赦なく真理を求めるキリスト教的な誠実さが、最後におのれの誠実さそのものに懐疑の目を向けて、系譜学的に自問自答する。なぜ私はかくも誠実であろうとするのか。この問いに対して、「よきヨーロッパ人」としての私は、おのれを培った歴史的な起源と伝統を顧み、もちまえの「知的な良心」にしたがって、誠実に答える。すなわち、この誠実さは、ルサンチマン的な価値転換に由来し、キリスト教の二千年にわたる良心の試練によって鍛えられたものである。神という真理を誠実に求めたのは、じつは禁欲主義の理想に縋《すが》りつくためであった。真理への意志という症候が意味するのは、その禁欲主義の逆説的な迷路をとおって生き延びようとする頽廃的な生にほかならない。――真理を愛するデカダンとしてのニーチェは、ついにここで現在の自己の正体を捕まえたのである。

真理への意志は何を意味するか

道徳批判の系譜学はさらに未来へ、「ヨーロッパのつぎの二世紀」（同前）へと続く。キリスト教の誠実さが「あらゆる真理への意志は何を意味するか」と自問し、その問いにわが身を差しだすように、みずからの頽廃的な生を呈して答えるとき、われわれの生はつぎの段階へ移るのである。これまでは、「禁欲主義の理想」としての彼岸的な真理を愛することに、すなわち「無への意志」に依拠して、キリスト教的あるいは道徳的な生は自己を保存してきた。だが、この自問自答によって、新たな意味での真理を愛する哲学的な生が開かれることになる。それはどういうことだろうか。

そもそも、問いは真理を求めるものである。「真理への意志は何を意味するか」と問うとき、この問いそのものが真理への意志である。それゆえここでは、真理への意志が、自己自身に問いかけて、おのれの意味を探し求めているわけである。そして、その答えはおのれの生それ自身である。この問いにおいては、問うということ自身が問われるものであり、その意味として見出されるのは問いの担い手である当の生である。

『善悪の彼岸』の断章第一番は、やはり「真理への意志」の問いを主題にして、その問いの奇妙な成り立ちについて語っている。「真理の価値の問題がわれわれのまえに歩み出てきた、――それとも、この問題のまえに歩み出たのはわれわれのほうだったのか。われわれのうちで、ここでは〔どちらがスフィンクスで〕どちらがオイディプスなのか」。これではまるで「疑問と疑問符の逢い引き」のようだとニーチェは続けるが、この「逢い引き」という喩えは「真理が女だと仮定したら」（『彼岸』序）という有名な巻頭の一句から繋がる連想であろう。このランデヴーの謎めいた戯れにおいては、問いを問うという問題の自己循環的な生起そのものが誘惑的な真理であり、そのような真理としての生を意志することが哲学的な「冒険」なのである（『彼岸』一）。

『道徳の系譜学』の序言でニーチェは、レーに当てつけて、「道徳の問題」を考えることは「愉しい学問」であり、真面目に取り組めば報酬のある営みだと述べている。もちろんその真意は、道徳についての問いはつまるところ真理への意志の問いであり、この問いの戯れによって哲学的な「晴朗さ（Heiterkeit）」が得られるということであろう（『系譜』序 七）。第三論文のニーチェは最後に、ここにわれわれの存在の真の意味を見出すのである。「われわれにおいてあの真理への意志がそれ自身を問題（Problem）として〔強調原文〕意識するに到ったということがなければ、われわれの存在の全体になんの意味があろうか」（『系譜』三・二七）。真理への意志の問題的な意識化によって、「道徳は滅びる」とニーチェは予言してみせる（同前）。それはもちろん、道徳に依拠する生の自己保存にかわって、哲学的な問いの冒険が開かれるということにほかならない。

すこし先走りしすぎたかもしれない。道徳の彼岸にある生の価値については、章を改めて論じることにしよう。

第四章

生の価値と遠近法

道徳批判と生の価値

前章の最後に見たとおり、ニーチェは道徳的な生を批判して、新たな生を展望してみせる。その道徳批判の骨子を再確認するなら、道徳とは頽廃的な生が自己保存を図るために作りあげた迷路なのである。虐げられて衰弱した生は、ルサンチマン的に道徳的な善悪の価値を創造し、その価値の理想に照らして自己を断罪しては、みずから良心の呵責に苦しみつつ、その自虐的な苦悩を餌にして生き延びようと意志する。それゆえ道徳という現象は、生のデカダンスの症候であり、またその頽廃的な生の延命策にほかならない。——ニーチェはそう診断して、道徳を批判するわけである。

とはいえ、これは見方をかえれば、道徳的価値は頽廃的な生にとって自己保存の役に立つということでもある。世にあることに倦《う》み、生そのものに苛まれるのは、共同生活する人間の定めであり、その苦悩は近代の大衆社会のなかで昂進するばかりである。道徳という毒薬を処方するとき、もちろん僧侶はこうした人々の自己解体的な頽廃をよく観察して、それに対して効くように調剤したはずである。たしかにその薬は自己加虐の苦悩を伴うので口には苦いが、やはり生き延びるためには最善の良薬であるにはちがいない。小心翼々たる末人にとっては、無限の可能性に開かれた寒風の海に乗りだすのは自己破滅的な試みであることだろう。道徳という価値体系にしがみつくのは、あくまで相関的にだが、下降的な生にとってはよいことなのである。

それゆえニーチェが批判するのは、生の頽廃そのものでも、頽廃に対する道徳の相関的な有用性でもない。さきに見たように〔三・3〕、ニーチェの意図はあくまでも、高貴で幸福な人々があやまって道徳的価値観にコミットして、「宿命的な誤解」に陥ったあげく、その健康で創造的な生をみずから塞いでしまうことのないように、批判的な警告を発することにある。健康な生にとっては、道徳にしがみついた自己保存よりも、生を積極的に高める超道徳的な価値評価のほうがふさわしいのであって、そのような高貴な生き方の特権を弱者への同情によって手放してはならないと、ニーチェは自覚を促す。

しかしここで、こう問うてもよい。相関的な有用性はともかくとして、高貴な価値評価と道徳的な価値評価とをあらためて客観的に比較したとき、どちらが優れているのだろうか。もちろん『道徳の系譜学』の序文で宣言されるとおり、ニーチェの「道徳的価値の批判」は、道徳を「生の価値」という観点から評価しなおす試みである。それゆえニーチェは、頽廃した道徳的な生き方と、健康で脱道徳的な生き方とを、等しく生として評価し比較するというのだろう。しかし、まるで生き方の異なる二人を、あたかも身長でも測るかのように、「生」というような包括的で曖昧な基準で評価して、同じ位階秩序のなかに位置づけることなどできるものだろうか。しかもこの場合、測定者は第三者ではなく、どちらかの一人である。だとすれば結局のところ、それぞれ身勝手な位階秩序を設定して、自分のほうが優れているというお手盛りの評価を下すのは目に見えているではないか。これが本章の第1節の問いである。

ここでは要点だけを述べるなら、ニーチェによれば生の価値は、客観的に測定されるものではなく、その生きている当事者の観点に拘束され、そこからの遠近法に依存して定まる。このように価値評価における「遠近法主義（Perspektivismus）」を承認するという点でニーチェは、カントの超越論哲学の伝統を継承している。ふたたびカントのコペルニクス的転回にならえば、価値評価とは既存の価値尺度で測定される生の価値を読みとることではなく、そもそも価値尺度それ自身が評価者としての生の超越論的な遠近法にしたがって決まるのである。それゆえニーチェは、生の価値そのものから遡って、価値評価する生にハンマーをあてて診断することを試みる。

高貴さと永遠回帰

とはいうものの、価値評価する生は十人十色であろう。それだから、価値評価の遠近法はそれぞれの趣味に属することにすぎず、論証的に決着をつけるまでもないと開き直りたくもなるが、ニーチェはそれを許さない。しばしば見逃されるが、『道徳の系譜学』は「論争の書」という副題をもつ。ニーチェはプロタゴラス的な価値相対主義に逃げこむことなく、生の価値をめぐる「論争」に挑むと看板を掲げて宣言しているのである。第2節は、この論争におけるニーチェの哲学的な優位性を明らかにすることを課題とする。

もちろん論争とはいっても、超道徳的に生を評価する実質的な価値基準を用意して打ち負かすことはできない。たとえば高貴な血統、知能指数、容姿の美醜といった基準を持ちだしたところで、道徳的な価値観の持ち主は、そんな付随的な価値によって人の全体を評価するのは不当であると抗議するにちがいない。実質的な基準をどれほど拡張しても、つまるところ道徳的な善悪を含むような基準でなければ納得しないだろう。こうなると、生の価値をめぐる論争はたんなる水掛け論に終わってしまう。

それでは、評価の方法や手続きに関わるところで、新たな高貴な価値評価と従来の道徳的な価値評価とを分かつ形式的な差異がないだろうか。評価の手続き上の瑕疵あるいは不整合を咎められれば、道徳的な人は、誠実であればなおさら、自己批判を余儀なくされるだろう。私の見るところ、この形式的差異を発見するにあたってニーチェは、カントの超越論哲学の洞察をさらに徹底することを試みている。すなわちニーチェは、価値評価における超越論的遠近法という事実を隠蔽しようとする僧侶的態度と、その事実を公然と認める哲学的態度との対比に、形式的差異を認めるのである。

この遠近法の問題が歴史の次元へと移されるとき、人間と歴史をめぐって厄介な問題が起こってくる。これは歴史哲学的な課題としては、すでに『生にとっての歴史の利害』にそくして論じたところである［一・2］。目下の「道徳の系譜学」の課題にそって言いなおせば、これは道徳の歴史的形成と、価値評価の遠近法とが、ウロボロス的に包含しあうということである。これは厄介なことではあるが、とはいえ第2節で論じるように、ニーチェの価値転換が掲げる新たな価値評価は、哲学者がこの循環性を直視し、身をもって体現することによってこそ、歴史的に正当化されるのである。

第3節では、この歴史性の問題次元にさらに迫るべく、ニーチェのいう「ヨーロッパのニヒリズム」の五段階を検討する。ニーチェのニヒリズムの歴史哲学は、哲学者が体現すべき歴史をみずから予言することによって、「いっさいの価値の価値転換」を歴史的に正当化する試みである。ニヒリズムの五段階は、二段階の「永遠回帰」で極まることになる。永遠回帰という奇妙だが魅力的でもある巨大な思想を、道徳批判と生の価値という観点からわずかに覗いてみることが、本書の最後の課題となる。

1　位階秩序と生の価値

同情道徳・義務論・功利主義

前章までは『道徳の系譜学』の論述にそって解説してきた。以下ではあらためて『道徳の系譜学』におけるニーチェの道徳批判について、その哲学的射程を測るべく、総括的に考察することにしたい。

そのためにはまず、ニーチェの批判する「道徳」の本質と外延を見定めなければならないだろう。これまで見てきたように、『道徳の系譜学』は三つの論文に分けて、ルサンチマン、良心、禁欲主義の観点から道徳の成立を考察するものであり、この系譜によって「道徳」の本質が規定されるのは当然のことである。オーヴァーベック宛の葉書で示唆されたとおり、それらの三論文はまた「キリスト教」の成立の各局面を捉えるものでもあるから、その道徳は「キリスト教道徳」であると規定することができる（たとえば『見よ』運命 七）。それでは、つぎにそのキリスト教という上流から広がる下流のほうに目を向けるなら、近代の倫理学説としては、どのような立場がこのキリスト教道徳の外延に入るのだろうか。ふたたび『道徳の系譜学』をはじめから繙いて調べてみよう。

序文において最初に槍玉にあげられるのは「同情道徳（Mitleids-Moral）」である（『系譜』序五）。ニーチェの回顧するところでは、非利己性の基礎を「同情（＝共苦）」に求めるショーペンハウアーの倫理学が、若きニーチェのまえに立ちはだかった論敵だった。もちろん同情は典型的にキリスト教道徳の美徳である。『アンチクリスト』によれば、キリスト教は伝染病のように苦悩を共有することで、没落しつつある悲惨な人々の生をたくみに保存する「同情の宗教」であるから、生の発展にとっては敵対的である。ニーチェが続けるには、それゆえにこそ、「生の否定」を掲げるショーペンハウアーが同情の倫理学を唱えたのは、それなりに首尾一貫した態度だったのである（『反キ』七）。つけくわえれば、この「同情道徳」には、イギリス式の道徳感情論の系譜を含めてもよい。『曙光』によれば、ショーペンハウアーとJ・S・ミルの「共感的感情」はともに近代における「キリスト教的な気分の残滓」である（『曙光』一三二）。

興味ぶかいことにニーチェは、この『曙光』の一節でも、『道徳の系譜学』の序文においても、同情など無意味だと決めつけた哲学者としてカントの名前をあげている（『系譜』序五）。たしかにカントは、情に絆《ほだ》されて道徳的義務を疎かにしがちな博愛家には厳しかった。共感性が高いといった気質は、厳格な定言命法の義務論を支える基礎にはなりえない。もちろん、さきに『曙光』以降のニーチェの道徳批判はカントの定言命法に照準を合わせたものだと分析したとおり［二・1］、カント的な義務論はニーチェの主要な論敵である。『道徳の系譜学』からも、カントの「定言命法には残虐の臭いがする」（『系譜』二・六）という文句をすでに引いておいた。おのれの気まぐれな情欲を制圧することで自己確立を果たした第二論文の「主権的個人」の残虐さを、定言命法は受け継いでいる〔二・1〕。ニーチェが分析してみせるとおり、カントの定言命法の倫理学は、大衆的に普遍化されうる信条だけを道徳法則として認めて、その道徳法則を禁欲主義の理想として掲げる。そして、そこから逸脱しがちな人間を、その内面的な良心の法廷において残虐に糾弾するのである。

さらに第一論文に入ると「イギリスの心理学者」が登場する。『善悪の彼岸』によれば、商人かたぎのイギリス式の人間観察で見るなら、結局ひとはみな等しくおのれの「幸福」を欲望している。「イギリスの幸福」に対しては、じつにニーチェは辛辣である。「ひとは幸福など求めていない。そんなことをするのはイギリス人だけだ」(『偶像』箴言 一二)。さらに、ベンサムの足跡を追う「イギリスの功利主義者」ならば、きっと無邪気にも、万人が幸福を求めるからには「最大多数の幸福」こそが望ましいものである、と結論づけることだろう(『彼岸』二二八)。このような英国式の功利主義は、近代的な大衆社会化の徴候であって、いわば自治的な畜群の道徳と見なしてよい。たがいに同情しあう末人たちが、自己超克を意志することもなく、もっぱら「安楽《コンフォート》」を民主的に分かち合うのである(同前)。

こうして『道徳の系譜学』の論の運びを辿るなら、ショーペンハウアーの同情道徳(および道徳感情論)、カントの義務論、イギリスの功利主義という三つの立場によって、キリスト教道徳の末裔としての近代倫理学のおおまかな輪郭をえがきうるように思われる。たしかにそれらは倫理学説として大きく異なる三つの立場であるが、ニーチェの見るところ、いずれも生に対する害悪の効果を有しているのであって、それはキリスト教の系譜に遡るものである。しかも、それらの生に対する害悪は（たとえば柔弱な同情道徳と厳格な義務論との場合のように）さまざまに異なる性格をもつように見えるが、ニーチェの洞察によれば、そこにはある構造的な共通性が認められる。それが典型的に現われるのは、つぎに見るように、「位階秩序（Rangordnung）」に対する態度である。三つの立場について、それぞれ確かめてみよう。

位階秩序に対する卑俗な態度

同情が位階秩序に及ぼす危険性については、すでに前章で触れた。すなわち、高貴な人々が「人間への大いなる同情」を抱くようにしむけられることによって、みずからの「幸福への権利」は不当なものだという道徳感情を感じはじめ、垂直的な距離のパトスを喪失してしまうという危険である（『系譜』三・一四）。このような同情による平準化は逆向きにも働く。ひとは同情するとき、高いものをおのれの身の丈に合わせて理解し、しかもその理解を強要する。ほんらい苦悩がそれぞれに有する個人的な深淵を、同情は嬉々として埋めて、同じたぐいの苦悩に卑俗化してしまう。「他人の苦悩からその人格に固有のものを剝ぎ取るということが、同情の感情の本質に属する」（『愉学』三三八）という観察は、おそらくニーチェの痛切な体験に基づくものであろう。同情は位階秩序の高低差を感情の流れによって浸食し、同じ程度に惨めな人々がたがいに苦悩を分かち合って生き延びる共同体を作りだすのである。

ニーチェのカント批判は多岐にわたるが、とりわけ定言命法の義務論については、「非個人性と普遍妥当性の性格」をもつ「義務」や「善自体」というカント倫理学の構想を、「ケーニヒスベルク風の中国人かたぎ」だと腐した『アンチクリスト』の一節が有名であろう（『反キ』一一）。「ケーニヒスベルク」はもちろんカントの街であり、「中国人かたぎ」というのは、かの国のいわゆるマンダリンの官僚体制を評したものと思われる。定言命法の倫理学は、貴族的な特権やカリスマ性を解体して、位階秩序を画一的に水平化したうえで、道徳法則の普遍的な適用を求める官僚主義であって、それによって実現するはずの「リベラルな」「正義と協和の国」は、「凡庸化と中国流儀の貫徹する国」とでも呼びうる（『愉学』三七七）。

　これに対してニーチェが要求するのは、「それぞれの人がおのれの徳を、おのれの定言命法を発明すること」である（『反キ』一一）。「義務一般」ではなく、各人の運命と性格にそった個人的な義務をみずからに課すことによってこそ、おのれの生を賭けるにあたいする定言命法になる。注意すべきことだが、あるひとの位階は、そのひとの個人的命法の内容の貴賤によって定まるのではない。むしろ、みずからに独自の徳を課すことによって、その徳に応じた独自の位階秩序が定まるのであり、ひとはみずからをその位階秩序の元首的な地位に置くことができる（この点はすぐに論じよう）。さらにニーチェによれば、この個人的な定言命法にしたがう行為には「快感」がともなうが、「キリスト教の教条主義をその臓腑に抱えたニヒリスト」であるカントは、この高貴な良心の快楽を拒否して、もっぱら禁欲的に「「義務」の自動機械」として行為することを命じたのである（同前）。

　功利主義は、公共的に測定・比較されうる「幸福」に立脚するものであり、しかも位階秩序による差異化を拒否して、一人の幸福をかならず一人分として公平に勘定する。それゆえ功利主義は、まさに（第二章第2節で確かめた意味において）「卑俗《ゲマイン》な」倫理学説である。さらに、さきほどの「イギリスの功利主義者」に言及した『善悪の彼岸』の一節でニーチェは、功利主義と位階秩序の問題をメタ哲学的な次元へと拡大して論じている。すなわち、功利主義者たちは予想もしないが、「人と人とのあいだには、したがってまた道徳と道徳とのあいだにも、位階秩序があり」、「ある道徳を万人に強要することは、より高い人に対しては侵害にあたる」（『彼岸』二二八）。功利主義が危険なのは、その卑俗な立場を高貴な人々にも強要することで、諸道徳の位階秩序を破壊し、高貴な道徳の息の根を止めるからなのである。

近代の代表的な倫理学説である同情道徳（道徳感情論）、義務論、功利主義は、位階秩序という垂直的な距離を拒否して、水平的な共同性や公平さを追求する点で共通している。それらは同情、義務、幸福と着眼点は違うが、近代の大衆社会のための道徳であるという点では選ぶところがない。ルサンチマン的な価値転換によって新たな善悪を定め、その善を禁欲主義の理想として崇めつつ、疚しい良心において苦悩するキリスト教道徳は、このように近代にいたって、横並びに行儀正しく自己家畜化する末人たちの道徳へと帰結したのである。

高貴な道徳は超義務か？

これに対してニーチェが掲げるのが高貴な道徳である。すなわち、うえの三つの道徳に対照させていえば、利他的な同情よりも脱社会的な孤独を、定言命法の義務一般よりも個人的な使命の責務を、安楽な幸福よりも冒険の試練を尊ぶ道徳である。さらに高貴な道徳の特徴を並べるなら、霊魂の幸いと救いよりも、大地に生きる身体の健康を重んじ、自己自身に不信と軽蔑ではなく、むしろ確信と誇りを抱き、無意味な生という不条理を呪うのではなく、永遠回帰において生の意味を祝福する態度であるといえる。[86] このような特徴をここで一つ一つ詳述するには及ばないだろう。哲学的叙事詩ともいうべき『ツァラトゥストラはこう言った』を繙けば、高貴な生き方というものがいきいきと描出されているのを見出すことができるからである。

しかしながら、ここで問わなければならないが、そもそもどうしてニーチェの高貴な道徳のほうが、近代の大衆社会の道徳よりも優れているといえるのだろうか。ニーチェの価値転換のプロジェクトに賛同しうるためには、まずこの問いに答える必要があるだろう。

ひとつの答え方は、ニーチェのいう高貴な道徳とは、いわゆる「貴族は責務を負う（noblesse oblige）」の原理に基づく「超義務（supererogatio）」の倫理のことであると見なすことである。高貴であることは、もはや政治的な意味での貴族の独占物ではないが、やはり貴族が負っていた責務を継承せねばならない。「超義務」とは耳慣れないかもしれないが、通常の義務の要求をこえた、賞賛にあたいする英雄的な行為のカテゴリーを表わす、カトリック由来の術語である。超人やツァラトゥストラの形象に見られる冒険的な試練に満ちた生き方は貴族的な「超義務の実践」であり、とうてい一般市民（末人）には要求できないにせよ、やはり道徳的な「美徳」の究極の姿として仰ぎ見られるものである。この解釈によれば高貴な価値は、既成の道徳的な価値基準を前提しつつ、それを超人的に過剰遂行することで成り立つのであり、どの観点から見ても（それゆえ末人から見ても）善いといえる。
　私の見るところ、この手の解釈は、ニーチェの価値転換を道徳的に飼い慣らそうとする悪質な曲解である。ニーチェが訴えるのは、道徳的な価値の改善ではなく、あくまでその転換である。つまりニーチェの価値転換は、従来の道徳的価値を弁証法的に包摂するのでなく、それに真正面から対立して抗うのである。それゆえニーチェのいう高貴な道徳は、通常の道徳意識から見て、英雄的だと賞賛されるような美学的価値[87]をもつわけではなく、むしろルサンチマン的に嫌悪され、邪悪の烙印を捺されるようなものである。逆から見ても、「この穢《けが》らわしきものを踏み潰せ(Ecrasez l'infâme!)」というヴォルテールの文句をニーチェが引用するとき、道徳的な「善人」はたんに哀れにも「劣悪《シュレヒト》」であるばかりか、徹底的に粉砕すべき卑劣な者である（『見よ』運命 八）。

「健康な人か否かの判定者はだれか」

　とはいえ、こうなるとふたたび、ニーチェ的な価値評価がなぜ道徳的な価値評価に勝るのか、説明を求められることになるだろう。ニーチェの道徳批判は、道徳を生の観点から判定するものであるから、当然ながらその答えは、高貴な道徳にしたがう生に求められる。しかし、いかなる基準によって、この高貴な生のほうを道徳的な生よりも優れたものと判定しうるのだろうか。プラトンは『国家』第四巻において、「正義」を推奨するために、正義にかなう魂は秩序を保った健康な状態にあると訴えた[88]（444C–E）。健康が病気よりも望ましいのは、だれにとっても自明であろう。この健康のアナロジーに倣うならニーチェは、高貴な生のほうがより健康であり、優れて望ましいものだと訴えることになるはずである（じっさい『道徳の系譜学』の第三論文では、「病気」と「健康」の対比がなんども語られている）。

しかし、ここでさらに問わなければならない。何が健康で、何が病気か、それをどのように判別するのだろうか。アリストテレスは、「健康な人か否かの判定者はだれかと問う[89]」（1011a5）とき、論証が無限後退に陥ることに注意を促している。たとえば、魂の病気としての狂気を見分ける場合、狂った判定者は狂った判定を下すにちがいないから、やはり健康な正気の人だけが正気と狂気とを判別する資格があるだろう。とするなら、判定に先立って、その判定者の正気をあらかじめ確定しておく必要がある。こうして判定者の正気の確定のために、さらに第二の判定者、いわばメタ判定者が登場するわけだが、もちろん今度はその正気が問われることになるから、メタメタな無限後退に陥ってしまう[90]。

生の健康の判定についても同様であろう。健康な生をおくる人だけが生の優劣を判定しうるのであれば、その判定者の生の健康をあらかじめ判定しておかなければならない。しかもこの場合、高貴な人は高貴な生を健康的、道徳的な生を病的だと判定することだろう。道徳的な人は当然ながら反対の判定を下すはずである。それだから、たとえば高貴な人々がたがいの生を健康的だと賞賛しあいながら、その全員が道徳的な生の観点からは病的である（おそらくニーチェ病を患っているのだろう）という可能性が考えられるわけである。ここでは高貴な生と道徳的な生は、共約可能性を欠いた二つの閉鎖的な評価共同体として並立しているのであって、生の価値は普遍的真理として確立されていない。

ニーチェの価値転換のプロジェクトは、生の価値への寄与の如何という観点から旧来の道徳を否定して、新しい高貴な価値評価を肯定するものである。ところが、旧来の道徳的な人々が新たな高貴な価値体系にしたがう生の価値を認めないとしたら、ニーチェの価値転換の訴えはまったく無効であることになろう。これはなにかプラトン『メノン』篇のいわゆる「探究のアポリア」[91]（80E2–5）を思わせるところがある。それに倣っていえば、ニーチェは高貴な人も道徳的な人も説得することができない。なぜなら、高貴な人はすでに高貴な生き方を受け容れているから説得する必要がないし、旧来の道徳的な人は高貴な生の価値を認めず説得に応じないからである。

力への意志に基づく価値の実在論

よい生の評価には普遍性がなく、ニーチェの価値転換の訴えは説得力を欠くのではないか。この問題については、これまでいくつもの解釈上の提案がなされており、さらに最近の英米圏における分析哲学系のニーチェ研究においても、ニーチェのメタ倫理学的な位置づけをめぐって大いに賑わっている。[92] ここではごく手短に、価値の実在論と非実在論とに二分して、それぞれ代表例だけを紹介しよう。

伝統的な実在論的解釈の一つは、「力への意志」の概念に訴えて、存在論的に価値を根拠づける読み方である。[93] これは、一八八〇年代の後期ニーチェの遺稿から再構成された力への意志の形而上学を踏まえた解釈である（それゆえ形而上学的解釈ともいう）。この形而上学によれば、生を含むあらゆる存在者は力を求めて意志しているのであって、力への意志こそがいっさいの存在者を貫く本性である。それゆえに、力は唯一の実在的な価値の基準として妥当し、力を高めるものは実在的な善の価値を有する、というわけである。

たしかに、このような力の価値論を前提しうるなら、すくなくとも潜在的に健康な人には価値転換を説得的に推奨しうるだろう。もちろん本質的に不健康な人には、やはり道徳が唯一の自己保存の方法である。しかし根が健康な人には、「人間という類型の〔……〕最高の力強さと華麗さが実現されないのは、ほかならぬ道徳のせいである」と忠告してよい（『系譜』序 六）。健康の潜在的素質を有しているなら、道徳的な洗脳から脱却して、高貴な価値評価にしたがって生きることで、もちまえの力への意志をさらに巨大に展開しうるはずである。

しかしながら、これは力の客観的な測定可能性を想定している点で、論点先取の疑いがある。人間における「力（Macht）」は、たんなる剝き出しの生理学的な量ではなく、むしろ力強さとして体験される感情のことであるが、その感情は解釈の遠近法に依存するのである[94]。典型例はまさしく道徳的な価値転換である。『愉しい学問』の「宗教の起源」と題された一節では、イエスは「ローマ属領における下層民の生活」を「解釈して」、そこに「最高の意味と価値を注入し」、虐げられた人々に「勇気」と「自己信頼」を与えたとされる（『愉学』三五三）。あるいは逆に、残虐の本能を発揮するという祝祭的な快楽に邪悪の烙印を捺して、疚しい良心の苦悩のなかに封じこめたのも（『系譜』第二論文）、やはり道徳的解釈の一例である。感情的な力の量は、解釈的な評価によって上下するのであり、価値のための独立の評価指標として機能しない。

さらに、力への意志に存在者の本質をみる形而上学的解釈は、文献学的にかなり怪しいものである。ニーチェの一八八〇年代の遺稿は、実妹の先導で『力への意志』（原佑訳の邦題は『権力への意志』）として編集され、長らくあたかもニーチェの最後の主著のように流通し、形而上学的解釈の拠り所となってきた。しかしコリとモンティナリの編集した『批判版ニーチェ全集』（一九六八年〜）が、ニーチェの遺稿をそのまま年代順に再提示したことによって、この主著なるものが事実上の偽書であることが明らかになった。[95] この二人のイタリア人が立証したところでは、ニーチェは最終的には『力への意志』の著作構想を放棄して、晩年の哲学的な洞察の数々を『偶像の黄昏』や『アンチクリスト』などの著作へと集約した。それらの著作では、力への意志を原理とする形而上学は出てこない。

すでに触れたとおり［一・2］、「力への意志」は一八七〇年代中頃に、心理学的な人間観察のための作業仮説として導入されたものである。三島憲一の指摘するようにニーチェには、批判的観察によって原理を発見すると、その原理を絶対化して、その貫徹を要求しだすという、いわば過剰解釈のねじれた論理がある。[96] 力への意志も、もともとは虚栄心やルサンチマンを分析するための心理学的な概念装置だったものが、いつのまにか積極的に崇拝され、ディオニュソス的な宇宙像の形而上学的原理になってしまった。とはいえ、これは人間の心の論理を世界化することであり、ニーチェ自身もしばしば諫《いさ》めていたはずの、幼稚な擬人論の哲学にほかならない。われわれは著作にいけるニーチェの哲学的な自制心を模範として、ニーチェの過剰解釈の悪癖に便乗するのは慎みたいと思う。

価値の非実在論と「大いなる政治」

力への意志に依拠する価値の実在論を拒否して、価値の非実在論をとる解釈もある。近年の代表格はブライアン・ライターである。[97]ライターによれば、人間には「類型《タイプ》」があって、それぞれの類型に応じてその繁栄のための条件としての善（相関的価値）が自然主義的に決まる。そのうえでニーチェの道徳批判の骨子は、いわゆる道徳はより高等な類型の人間にとって阻害的であり、その繁栄を妨げるという点にある。より高い人々の繁栄としてニーチェが考えるのは、典型的には芸術における創造性である。そのような創造性は、自己の使命を担い、孤独を愛し、試練と苦悩を厭わない高貴な道徳によってのみ実現されうる（たとえばベートーヴェンの生涯を想起してほしい）。それゆえニーチェは、そのような高貴な道徳を尊重する文化への変革を訴えたのである。

この芸術的な創造性が、価値転換によって生の優劣を再評価するためにニーチェが掲げる価値（指導的価値）である。しかしライターによれば、それはたとえば力への意志に存在論的基礎をもつ実在的な価値ではなく、ニーチェが個人的に賛同し推奨する非実在的な価値にすぎない。いいかえれば、あらかじめ創造性を高く評価する位階秩序が実在するのではなく、あえて創造性の価値にコミットすることで、その価値評価にそくした位階秩序をみずから設定するのである。ニーチェの価値転換は、このような価値の非実在性のゆえに、真理に基づく説得というより、むしろ「趣味」への賛同の誘いにちかい。ニーチェの書き方がしばしば過激なレトリックに溢れているのも、それが万人に向けた正しい道徳の広報ではなく、潜在的に高貴な読者だけに向けられた、創造的な生への覚醒の誘惑だからである。

ライターの非実在論的解釈は、創造性をニーチェの個人的趣味とする点を除けば（この点は後述する）、おおむね首肯しうるものと思われる。私の見るところ、この意味で価値はすぐれて政治的な問題である。じっさい政治においては、正義とは何かについて理解を共有することなく、状況にせまられて論争が開始されてしまう。その論争も、事実確認や論理的整合性だけで成り立つものではなく、ときには煽動や人格攻撃によって多数決の行方が決まる。そもそも、政治が正義をめぐる争いであるならば、その争いそのものについて正・不正を問うことはできないだろう。だが、いったんことが政治的に決まれば、あたかもその決定過程そのものが正義に適ったものであったかのように、事後的に自己正当化される（下世話にいえば「勝てば官軍」ということである）。このように政治は、すぐれて価値創造的な営為なのである。

アリストテレスは『ニコマコス倫理学』において、政治学《ポリティケー》は専門的な諸科学をこえた地位にあると語っている[98]（1094a26–b11）。というのも政治は、ポリスにおける専門的な学術活動の分担や規模を決めるからである。どのような資質の人が、どれほどの地位や予算をもって、たとえば医学を研究・教授すべきか。それぞれのアカデミックな専門家には、もちろん優れた見識があるだろう。しかし、さまざまな専門分野を見渡したうえで、国家にとっての諸科学の価値を定め、法律と予算を決めるのは、（アリストテレスが酷薄にも喝破するように）つまるところ政治家の役割であり、それは現代でもかわらない。

個別の諸学問が既成の価値を前提するのに対して、政治は全体的な観点から新たに価値基準を設定する。このような創造的な政治観は、ニーチェが「大いなる政治」を語るときに念頭にあったものであろう。『この人を見よ』で語られるように、ニーチェによって従来の道徳的価値のいっさいが虚偽であることが暴露されたからには、その価値観をふまえた権力闘争としての「政治」という概念は、まったく亡霊どもの争いになってしまう」。これに対して、ニーチェの登場とともに、「いっさいの価値の価値転換」という「いまだかつて地上になかった戦争」が始まる。これこそが、新たな価値基準を創造することで人類の将来を定める「大いなる政治」なのである（『見よ』運命 一）。

生の価値という問題

生を価値評価する基準は、客観的真理として一義的に確定することが難しく、政治的な闘争に委ねられる。生の価値は、どこまでも評価主体の観点に依存的であり、評価主体の人格的な関与によってかろうじて成り立つものである。――それにしても、生はもっとも身近なものなのに、どうしてその価値の評価はこのような不確定性につきまとわれるのだろうか。それはひとつには、生の価値判断をめぐる超越論的というべき問題構造に起因すると見ることができる。[99]

生の価値においては、人間が人間の価値を評価しようと試みている。このとき、「人間知性はこのような〔自己の意味の〕分析にあたって、自己自身をその遠近法的な形式において見ることを避けられない」（『愉学』三七四）。それゆえ、生の価値を判断しようとするとき、判断する側の生――すなわち「解釈する現存在」（同前）――が、解釈のパースペクティヴを決める先行的な制約になってしまう。ニーチェは『偶像の黄昏』において、「生一般の価値の問題」の近すぎるゆえの近寄りがたさを語るなかで、この構造を指摘している。

生一般の価値の問題に触れることが許されるためには、ひとは生の外側に立場をもたなければならない〔……〕。〔……〕われわれが価値を語るときには、生の霊感をうけて、そのレンズ（Optik）をとおして語っている。生そのものが、価値を設定するようわれわれに強いている。（『偶像』道徳 五）

生を全体として判定するには、判定者はあらゆる生を経験しつくしたうえで、外側から生を見渡すことが必要だろう。しかし判定者もまだ生きている途中であるから、それはできない相談である。「生きている者は当事者、それどころか係争対象物であって、裁判官ではない」（『偶像』ソクラテス 二）。つまり、裁判官として生を判定するつもりが、その裁判官としての生が原告と被告になって、自己をめぐって係争を始めるのである。このように裁判官が係争当事者になってしまうのは、生の価値という問いの包括的な全体性のためである。すなわち、生一般を問う主体は、生きているかぎり、つねに問われる対象としての生でもある。ここには、問いの外部に立つ第三者がいない。

もちろん判定者は、問いの答えを対象物の観察から客観的に引き出しているつもりであろう。しかし実際には、生きている当事者である判定者の生が、じつは光学的な「レンズ」になって被写体の見え方を決めており、さらには判定の内容にまでも「霊感」を与えて、おのれの生理学的な調子に基づく答えを（あたかも腹話術のように）語っているのである。病的な生は生を病的と判定する。キリスト教道徳の僧侶が生にくだす有罪判決は、そう判定する僧侶の生理学的な頽廃を反映するものである。それゆえ「生についての価値判断は症候（Symptom）としてのみ価値をもつにすぎない」（同前）。さらにいえば、生の類型に応じて相関的価値が決まるという先ほどのライターの分析もまた、このような価値判断における「症候」の類型性に依拠するものであったと見なしうる。

超越論的聴診の技法

これはすぐれてカント的な意味で「超越論的」な問題である。若きニーチェの「カントの悲劇的な問題」への共鳴や、超越論的な歴史哲学の構想については、すでに確認したところである（第一章）。後期ニーチェの道徳批判は、さらに忠実かつ徹底的に、カントの超越論的批判の方法論的核心を継承するものだといえる。カントの『純粋理性批判』（一七八七年・第二版）は、「超越論的（transzendental）」をつぎのように定義している。

私は、対象一般に関わるというよりも、むしろ対象一般についてのわれわれの認識様式――この認識様式がアプリオリに可能であるべきかぎりにおいて――に関わるすべての認識を、超越論的と名づける。[100]（B25）

対象一般についての形而上学を意気揚々と語るまえに、アプリオリに可能であるべきだとされるその形而上学的な認識様式の権利について問いなおすというのが、カントの超越論的批判の構えである。

これをニーチェの「生一般の価値の問題」に当てはめるなら、超越論的であるのは、「対象一般」としての包括的な「生一般」にじかに関わって評価する認識ではなく、むしろ生一般「についてのわれわれの認識様式〔……〕に関わる」認識、すなわち生きている価値評価者の認識様式としての「レンズ」と「霊感」を反省的に捉えて評価する認識である。しかも、このレンズと霊感は「アプリオリに可能であるべき」評価様式、すなわち対象的な生から経験的に獲得されるのではなく、そこから独立に判定者の「生そのもの」に基づいて働くはずの評価様式である。このように、生の価値を語るまえに、その生の価値を測る役割をになう評価様式について問いなおすというのが、ニーチェの超越論的道徳批判の構えなのである。

生を断罪する言説から遡って、その断罪する主体の生をニーチェは診断する。それが『偶像の黄昏』の副題に謳われる、「ハンマーで哲学する」という方法論である。このハンマーは破壊の道具というより、そっと叩いて聴診するための道具である。ニーチェは「ハンマーで問いを立てて、その答えとしておそらくは、膨れた臓腑のことを語っているあの毎度の虚ろな響きを聴く」のであり、そのように巧妙に聴診することによって、「隠れたがっているものが鳴り響いて正体を現わさざるをえない」ようにするわけである（『偶像』序）。価値評価の主体の生についての超越論的聴診の技法が、ニーチェの道徳批判の肝である。

2　道徳の遠近法

生の価値をめぐる覇権争い

とはいえ、このような超越論的聴診の技法は、問いの次元をひとつ迫《せ》り上げたにすぎず、問題はそのまま残っているともいえる。価値評価の主体の生を超越論的に診断するとき、その診断者もまた生きており、その生の遠近法に拘束されている。それゆえに、価値評価者の生から、超越論的診断者の生へと問いが遡ることになる。いまや、高貴な道徳を尊ぶ人の生ではなく、その高貴な生を評価するニーチェの生こそが問われなければならない。しかしニーチェがおのれをハンマーで聴診し、その健康を誇ってみせたところで、その自己診断は信用するに足るだろうか。おそらく僧侶は同じように自己診断して、神に嘉される生の幸福を語ることだろう。僧侶から見ればニーチェは、梅毒に頭脳を冒されたあげく、不敬かつ不埒な戯言をまきちらす哲学的狂人である。そのニーチェの診断が狂っているのは当然であろう。

ここではニーチェと僧侶が、生の価値の覇権を競って、「いまだかつて地上になかった戦争」をくりひろげている。もはやどちらの側からも、相手の生の不健康を診断して改心させること、あるいは自己の健康な生を見せつけて善導することはできない。この価値の覇権争いにおいて、僧侶をデカダンと診断し、価値転換を唱道するニーチェに、旧来のキリスト教道徳の立場をうわまわる優位性があるのだろうか。それとも価値転換は、芸術的な創造性を愛好するというニーチェの文人的な趣味に属することであり、あえて優劣を問うこともないのだろうか。これがつぎの問いである。

私の見るところ、ニーチェの立場には哲学的な優位性がある。さきほど触れたように『道徳の系譜学』は、道徳と生の価値をめぐる「論争」に挑むという副題を掲げている。その論争におけるニーチェの優位性は第一に、価値評価における遠近法という超越論的制約を承認する態度に存すると思われる。第二の優位性は、その遠近法の歴史性を主体化して、将来に臨もうとする態度にあるだろう。まず第一の論点から見ていこう。

病者の遠近法

価値は評価者の生によって超越論的に制約されている。哲学者と僧侶を分かつのは、哲学者だけがその事実を値引きせずに承認するという点である。さきほど引いたようにニーチェは、生の「遠近法的性格」について、「人間知性は〔……〕自己自身をその遠近法的な形式において見る」という（『愉学』三七四）。その一節でニーチェがつづけて語るには、このパースペクティヴの形式は、たしかに蛙の視界を限る井戸のように、人間認識を限界づける拘束性であるが、しかし哲学者はそこから脱却して無視点的な客観性を得ようとするのではない。むしろ哲学者は、おのれの遠近法的制約を、さらには「世界が無限の解釈を包含するという可能性」を、承認するのである。それらの解釈のなかには、哲学者の解釈だけでなく、「人間的、あまりに人間的」な解釈もまた含まれており、いまや世界はそのような頽廃や愚劣を孕《はら》んだ解釈からなる開かれた総体として増殖している。ニーチェはこの怪物的な世界を、「われわれの新しい「無限なもの」」として言《こと》祝《ほ》ぐ（同前）。

遠近法的な体験が認識論的な優位に繋がるという論点は、ニーチェが自覚的に証言するところである。『この人を見よ』の「なぜ私はかくも賢明なのか」の冒頭でニーチェは、自身が「生の問題全体に対する〔……〕中立性」を有する所以《ゆえん》を説明するために、自伝のように病歴を回顧している。「三六歳のときに、私は生命力の最低点に到った」。そのころニーチェは、ひどい頭痛にくわえて、嘔吐と痙攣の発作に襲われる病気のために、ついにバーゼル大学を辞職して、暗い冬を影のように過ごさざるをえなかった。しかしこの長い病気の体験と、ふたたび健康を回復する過程は、ニーチェに「遠近法を切り替える（Perspektiven umstellen）」ことを教えたのである。

> 病者の光学《オプティーク》からより健康な概念と価値を見上げ、またこんどは逆に豊かな生の充実と自己確信からデカダンスの本能の秘めた営みを見下ろすこと――これが私のもっとも長い訓練であり、固有の経験であった〔……〕。いまや私は、遠近法を切り替える術《すべ》を手中に収めている〔……〕。これこそが、おそらく私にだけ「価値の価値転換」ということが可能である第一の理由である。（『見よ』賢明 一）

病気はものの見方を陰気にする。用心ぶかくなり、身を守ることに執着し、冒険は無謀で馬鹿げたものに見える。健康になれば、そのような辛気くさい考え方がまさに病気に起因するものであることがわかる。ニーチェの生きた哲学とは、このような遠近法の変更にわが身をさらす実験なのである。『道徳の系譜学』にそって言えば、病気のなかでニーチェは、ルサンチマンの腐臭も、疚しい良心の懊悩も、禁欲主義の自虐的な快楽も、魂の芯から体験した。回復したニーチェは、高貴な良心の能動的な喜びをふたたび味わい、デカダンス本能を腑分けする解剖者にもなった。哲学者はこのように、異なった両方の遠近法を体験し、それを記憶にとどめることで、「党派性から自由」になる。もちろんその自由は、無視点的な眺望を得るという意味ではなく、さまざまな遠近法の可能性に開かれるという意味である。さまざまな遠近法を体験することで、それぞれの善し悪しを「道徳の博物誌」(『彼岸』第五章)のように比較しうるようになる。この体験と比較が、ニーチェの「価値転換」に特権性を与えるのである。

僧侶は解釈する生を隠蔽する

これに対して僧侶的な精神はそもそも、道徳的な価値が生によって超越論的に制約されているという事実を承認しない。僧侶にとっては、道徳的価値は客観的に実在するか、実在せずとも公共的に確立されたものであって、評価者の遠近法に依存して左右されるようなものではない。このように道徳の遠近法的性格をあたまから否認しつつ、道徳的真理を高く掲げることによって僧侶は、道徳的な善悪に縋りつくほかない生を、そうでもしなければ自己加虐の苦悩のなかで解け《ほど》てしまいそうな魂を、隠蔽している。哲学者は、価値の遠近法という事実を認めたうえで、価値評価する自己の現存在を、病気と健康に糾《あざな》われたその生の軌跡を、あからさまに提示してみせる。これに対して僧侶は、道徳的真理という御旗のうらに身を隠して、自己の生の健康と不健康を問わせない。それゆえ、ここでの「真理」は「禁欲主義の理想」として働いている。僧侶は真理の理想を盾にすることによって、おのれの解釈する生が露見しないように、さまざまな遠近法的な解釈の可能性から禁欲的に身を引くのである。

もちろん隠れているのは僧侶だけではない。ソクラテス主義的な古典文献学者が神話喪失の不安を隠蔽していることは、以前に確認した［一・1］。『道徳の系譜学』からも一例をあげれば、厳格な科学的方法論を守って抑制的・懐疑的な態度を保つ当時の良識派について、「自由な精神というにはほど遠い。かれらはまだ真理を信仰しているからだ」とニーチェは判定している（『系譜』三・二四）。「なにものも真ならず、すべてが許される」という東方の秘伝は、真理を解釈へと解体して、さらに解釈に無限の自由を認めることを教えている。このような「精神の自由」に比べれば、かれらはその懐疑主義的な見かけとは裏腹に、やはり彼岸的な「真理への意志」に囚われたまま、真理の御旗に隠れている。能動的な解釈の力をみずから押し殺し、禁欲的に真理なるものに隷属している。これに対して、真理のこのような卑しい出自を暴露し、「真理の価値」をあらためて問いに付すのが、哲学者による批判なのである（同前）。

それゆえ哲学者と僧侶は、じつのところ、同じ次元にある二つの価値体系の実質的な優劣を争っているのではない。両者の真の争点は、価値の遠近法的性格を承認し、価値評価する生を開示してみせる立場と、道徳的価値の客観的な真理性を唱道し、そのもとで自己の生を隠蔽する立場との対立、すなわち開示性と隠蔽性との対立に存している。開示性のほうに次元的な優位性があるのは、開示的な立場からは隠蔽の秘めた身振りが見通せるが、隠蔽的な立場からは開示性が見えない（あるいはたんなる主観的な居直りのように見える）ということから分かるだろう。

さて、このような僧侶の隠蔽性は、これまで典型的には、ルサンチマンにおける自己欺瞞において見出してきたものである［二・4］。そもそもルサンチマン的な価値転換は、僧侶のおそるべき精神的力量を示す創造的な解釈の技であろう。ところが道徳的な人は、そのルサンチマン的解釈という起源を自己欺瞞的に隠蔽し、さらには善の禁欲的理想に疚しさを覚える良心のなかで自己を残虐に痛めつけ、徹底的に起源を抑圧する。このルサンチマン的な抑圧はつまるところ、普遍的な道徳的真理の陰に、道徳的に解釈する自己の生を隠蔽するという態度に帰結するわけである。

価値の論争において哲学者は、僧侶の隠蔽性を暴露する。この暴露が論争上の有効性をもつのは、もちろん僧侶自身が「キリスト教の誠実さ」の権化だからである。僧侶は誠実でありうるために、自己を欺瞞せねばならない。その欺瞞そのものを隠すために、いっそう精密におのれを欺き、「ますます厳格に解される誠実さ」を守らなければならない。こうして誠実さは隠蔽によって成り立つが、しかし誠実さそのものは隠蔽を承知していない。それゆえここで、哲学者が僧侶の誠実さにおける隠蔽性を暴露するとき、僧侶の誠実さがおのれの不誠実さに気づき、自己批判に追い込まれることになる。『道徳の系譜学』という「論争の書」は、同好の士に向けた内輪向きの趣味の書ではなく、論敵である僧侶的精神を論駁する書である。この論駁は、僧侶のもちまえの誠実さに訴えることで果たされるのである。

もちろんたんに舌先三寸で論駁するのではない。「生はすべて趣味〔……〕をめぐる論争である」とツァラトゥストラは喝破する（『ツァ』二・崇高）。ここで「趣味」と呼ばれるのは、生を営むための価値基準（「重し」）のことである。それは非実在的であるかぎり趣味と呼ばれてよいが、しかし「論争されえない」とされる類いの通例の趣味ではない。むしろ、生きること（あるいは生き方を見せること）そのものが、その趣味の覇権をめぐる政治的な論争の現場なのである。僧侶と哲学者との論争は、哲学者が僧侶におのれの解釈的な意志を開示したとき、僧侶がみずからの隠蔽された生を恥じ入ることで決着がつく。[101]

哲学的な生の自律的な高貴さ

僧侶の隠蔽性とは対照的に、哲学者は価値評価の遠近法性という事実を承認し、みずからの生き方を開示してみせる。遺作となった『この人を見よ（*Ecce homo*）』は、表題からして哲学的な生の開示性を宣言しており、その本篇がニーチェ自身の病歴の回顧から始まることは、さきほど確かめたとおりである。哲学者の高貴さはこの開示性がもたらす効果である。僧侶的な隠蔽性が普遍的に共有可能な価値に縋りつく卑俗さへと帰結するのに対して、哲学者による価値評価の遠近法の創造と開示はそれ自身が高貴さをもたらす。というのも哲学者は、既存の価値基準に隷属的に依拠することなく、価値評価における遠近法をみずから開設するのであり、しかもその遠近法によって序列化される位階秩序において、その元首的な位階におのれを置くことによって、自律的に尊厳を体現して、みずから高貴になるからである。この自律的な高貴さは、みずから立法した価値基準にそくして自己評価するという、価値評価の超越論的形式によってのみ成り立つものである。この論点をつぎの二つの引用によって裏づけておこう。

まず、『愉しい学問』において、ニーチェが老カントの「定言命法」に当てつけて語るところでは、そもそも哲学者の仕事は、古今東西に妥当する普遍的な価値の表を発見することではなく、「新しい固有の諸善の表を創作すること」である。これによって哲学者は、「比類なき(unvergleichbar)者、自己自身に立法する者、自己創造する者」になる(『愉学』三三五)。カントのいう自己立法ないし自律は、万人が万人に妥当する法則を立法することであり、比較可能で平均的な諸人格を前提している。しかしニーチェにおいては、おのれの性格や運命にそって定めた自律的な価値基準をもつ者は、共通の尺度によっては比較されえない深さをもつのであり、この自律的人格の評価は、そのひと独自の尺度による自己評価であるほかない。この自己評価においておのれを「よい」と判定することが、「本来あるところの者になる」(同上)というピンダロス的な課題である。

あるいは、『善悪の彼岸』の「高貴とは何か」と題する断章によれば、ある人の位階を決定するのは、「行為」でも「作品」でも「高貴なものへの渇望」でもなく、「信仰」あるいは「高貴な魂が自己自身について有するなんらかの根本確信」である。「行為」や「作品」によって、世に公認された位階秩序において高い地位を占めようと「渇望」すること自身が、卑俗な魂の標識である。高貴であるということの本質はむしろ、みずから信ずるなんらかの位階秩序において「自己への畏敬を抱いている」ことに存する（『彼岸』二八七）。さきほど高貴な道徳の徴標として、孤独、使命、試練、創造性などを挙げたが、これらはやはり「行為」や「作品」に関わる特性にすぎず、その高貴さはほんらい「自己への畏敬」あるいは「根本確信」から由来するものである。たとえば、おのれの独自の位階秩序を信じ、そのなかで高い地位を保つよう矜持をもって仕事をする人は、ときには偏屈者[102]のように孤独であらざるをえないだろう。ひとは高貴であるから孤独なのであって、その逆ではない。同様のことは、使命、試練、創造性についても当てはまる。

すでに見たとおり［二・2］、カントの『啓蒙とは何か』は「自分で考える」という「勇気」を鼓舞するものである。高貴をめぐるニーチェの思考は、そのカントの啓蒙のプロジェクトを貫徹しつつ、その陥穽《かんせい》を超克するものだといえる。[103]カントの「自分で考える」は普遍性を志向する。啓蒙的な理性の自律において立法されるのは、かならず万人に妥当する普遍的法則である。ニーチェから見れば、それは他者（普遍性）の観点に従属して自己の法則を決めることである。これに対してニーチェは、自律を個人へと先鋭化して、各人が「おのれの定言命法を発明する」ように鼓舞する。

また、カントはおのれの理性への尊敬を説くが、その尊敬はつまるところ「道徳法則への尊敬」に依拠するから、自尊の尺度を他者と共有することになる。これに対してニーチェは、それぞれの人格に独自の価値基準と位階秩序を認めることで、他者に依存しない「自己への畏敬」を可能にしたといえる。そして、カントにおける啓蒙への勇気の場合とおなじく、それぞれの個人がおのれの定言命法を発明して、独自の尊厳を体現して生きることによってのみ、そのような高貴な生き方が飛び火のように波及して、人間の類型をいっそう高める創造的な文化が成り立つことだろう。――このように見るとニーチェの啓蒙論は、「超カント的」とでも称しうるように思われる。この場合の「超」は、徹底と克服という二義性をもつだろう。

道徳の遠近法の歴史性を主体化する

ニーチェの論争上の第二の優位性は、道徳の遠近法の歴史性をみずから体現することで、道徳批判の歴史的使命を自覚し、さらには新たな道徳を将来へ投企するところに存する。『この人を見よ』で語られるように、ニーチェは病気のなかでさまざまな道徳の遠近法を体験的に遍歴し、健康を回復することで道徳の遠近法を批判的に見下ろす視座を得た。すなわちニーチェは、ひとりの精神のなかで人類の道徳の系譜の諸段階を生きぬいたのであり、その歴史のすえに道徳について系譜学的な批判を企てる段階にまで辿りついた。『道徳の系譜学』の著者であるとは、そのことにほかならない。

僧侶の与《くみ》する道徳の永遠主義は、歴史的発生によって現在の道徳を評価するのは「発生論の誤謬」だと腐して、現在の道徳規範をあたかも無時間的な真理として妥当させようとするだろう。あるいは歴史を認めるにせよ、僧侶的な道徳史家であれば、過去の愚かしい歴史を超脱したかのような観点から、道徳の歴史とその法則を無関心的に探究することであろう。しかし、その歴史法則が真理であれば、当の道徳史家のもつ価値基準や道徳的認識そのものが歴史的に拘束された事象である。道徳史家はその超越論的事実を隠して、いわば歴史の腹話術師のように語り、現状の道徳の護教論を試みる。当然ながら、そのような道徳の歴史的弁明は、未来へと憧れの矢を放つこともなくなった歴史家の頽廃的な生が、いわば青白く反映したものにすぎない。

このように僧侶がおのれの歴史を背後に隠そうとするとき、逆にニーチェは歴史を見せつける。かつての『生にとっての歴史の利害』の超越論的な洞察は［一・2］、ここで道徳と道徳批判にも当てはまる。道徳とは歴史的に生成した伝統であり、現在のわれわれの道徳的価値基準はその歴史的な一段階に位置づけられる。そして、前章で〈道徳批判の系譜学〉として見たとおり、道徳についての系譜学的な反省や批判もまた、キリスト教道徳のはぐくむ誠実さがついに臨界点を超えて、苛烈な自己批判の精神として結実したこの現在の歴史的段階の立場から、その歴史的自覚をともなって情念的に遂行されるのである。

さらに、このように現在にいたる道徳の諸段階を体験的に生きることは、批判や反省ばかりでなく、新たな価値基準の創造をも可能にするだろう。もちろん創造といっても、なにも新作の価値基準を気ままに案出することではなく、むしろ「記念碑的」あるいは「尚古的」に継承された遠近法を自覚的に承認し、新たに体現してみせることである。『ツァラトゥストラ』における「超人」のメタファーが教えるのは、これまでの人類の進化史を主体化した人間が、来たるべき超人へと自己形成するという使命であった［一・3］。このとき「超人」を望ましい価値とするのは、「自己超克」を法則とする歴史的生成の推進力であり、この推進力を我が物にすることで自己を新たな「第二の自然本性」へと形作ろうとする人間の意志である。その未来への意志は、過去から現在にいたる道徳の遠近法を伝統として継承しつつ、それを「批判的」に徹底あるいは超克する意志であって、系譜学的なモメンタムによって正当化される。

さきほどのライターによれば、芸術的な創造性という価値は、ニーチェが個人的な趣味として賛同するだけの非実在的なものにすぎない。しかしこれは、価値の歴史性の契機を見落としているように思われる。ニーチェの価値転換を指導する価値は、歴史的に生きる人間が欲する将来の歴史である。生が歴史的であることを自覚する者にとって、未来に実現しようと望む価値は、人間という類型に課された歴史的使命として、超越論的な規範性を帯びて現われるのである。

3　ニヒリズムと永遠回帰

高貴さの形式と歴史へ

ニーチェが未来のために掲げる価値の内実は、前節で素描したとおりである。道徳上の奴隷蜂起によって成立したキリスト教道徳は、近代にいたって同情道徳、義務論、功利主義などの倫理学説へと展開したが、それらは位階秩序を否認する卑俗さにおいて共通している。この卑俗な道徳を克服すべくニーチェは、未来のために高貴な道徳を掲げる。この意味での高貴な人は、孤独、使命、試練、創造性などの諸特性によってというより、むしろ伝統の批判的超克を踏まえてみずから遠近法的な価値基準を設定し、その価値の位階秩序において自己に畏敬の念を抱くことによって高貴である。現代の卑俗な道徳をこえて、ニーチェは未来の高貴な道徳へと憧れの矢を放つ。

とはいうものの、ここで読者から、疑いぶかい抗議の声が聞こえてきそうである。ここで高貴とされる道徳は、あまりにも無内容かつ無軌道であろう。各自の遠近法を尊重するというのは、そのじつ偏頗《へんぱ》な先入見や視野狭窄に傲然と居直る態度ではないか。使命感や創造性などの特性にしても、おのれの使命をみごと果たしたならともかく、徒労に終わる多くの場合にもやはり主観的な自己への畏敬によって高貴であるというなら、高貴の安売りであろう。独自の位階秩序における尊厳というのも、職人かたぎの人生観のようなものだといえば聞こえはよいが、たいていはお手盛りの空威張《からいば》りにすぎず、夜郎自大であろう。そんな空疎な高貴さを未来に欲しても何の意味があるのか。

認めざるをえないが、このような批判には正当なところもある。もちろんほとんどは、禁欲的な僧侶の真理主義（いわば真面目《まじめ》主義）から、ニーチェ的な自由精神に寄せられた嫉妬ぶかい横槍のようなものであって、むしろ批判者のほうが（恐縮ながら）馬脚を現わしたといえよう。とはいえ、ニーチェの価値転換を指導する価値がもっぱら形式的であるというのは正しい。ニーチェの掲げる生の価値とは、力への意志のような形而上学的実在物に依存するものではなく、つまるところ、遠近法的に価値評価する歴史的な現存在が体現している超越論的形式を表示するものにすぎない。そこに実質的に特定して伝達しうる価値が伴わないのは当然である。だとすれば、ここでの応答の課題はむしろ、生が高貴であるということの形式をいくらかでも明晰にとりだすことであり、その形式を体現しようと欲することの歴史的意味を見定めることであろう。

『道徳の系譜学』のニヒリズム論

将来の価値転換を指導すべき価値の形式はいかなるものであり、どのような歴史的な境位として現われるのか。この問いに答えるには『道徳の系譜学』は不向きなところがある。この論争の書は、三論文で並列的に歴史を辿り、それも現代文化の批判的診断のところで途絶えていて、未来への歴史的方向を語るわけではないからである。そこで以下では、ニーチェの「ニヒリズム」概念を補助線に用いることによって、復習がてら手短に『道徳の系譜学』の道徳史を再構成したうえで、未来に登場すべき価値の形式を展望してみることにしたい。

ニヒリズムの歴史は、多角的に検討すべき大きなテーマであるが、ここでは『道徳の系譜学』執筆のおよそ一ヵ月前にあたる一八八七年六月十日付けの、「ヨーロッパのニヒリズム」と題された遺稿[104]に絞って跡づけてみよう。これは十六節からなる小論文であり（以下、必要に応じて節数を（1）のように付記する）、ニーチェ自身が参照用に手ずから小冊子に仕立てていた。この遺稿の枠組みでは、ヨーロッパのニヒリズムの歴史はおよそ五段階に整理できる。すなわち、①災厄に満ちた生々流転に翻弄される人間の苦悩としての「最初のニヒリズム」、②それに対する抵抗剤として人間の自己保存に役立つ「キリスト教道徳」のニヒリズム、③キリスト教が育んだ誠実性によって信仰の非真理が暴露され、いっさいが無駄に感じられる「現在のニヒリズム」、④

無意味な生が無限に繰り返される永遠回帰の呪いとしての「もっとも極端なニヒリズムの形式」、⑤永遠回帰を肯定する「能動的ニヒリズム」、の五段階である。

遺稿の「最初のニヒリズム」は、『道徳の系譜学』においては「自殺的ニヒリズム」と呼ばれる（『系譜』三・二八）。これは第二論文における第一段階の疚しい良心に相当するものである。荒野の冒険を好む野生児だった人間が、国家と文化の檻に幽閉されることで、残虐の本能を内攻的に発揮する。ひとはその慢性的な苦悩のなかで「何のために悩むのか」と自問するが、その問いの叫びに答えはなく、どこまでも苦悩の無意味さに絶望して、さらなるルサンチマン的な自己嗜虐に陥る。こうして畜群の精神にせまる無政府状態と自己解体の危機が、自殺的ニヒリズムである。

この自殺的ニヒリズムを救うのが、禁欲主義の理想としてのキリスト教の神である。どこまでも無意味だった苦悩が、神のまえでの原罪に対する罰であると宗教的に解釈されることで、第二段階の疚しい良心が成立する。これによって僧侶は苦悩を消去するわけではないが、苦悩の意味を求める畜群の意志を救済する。神という道徳神学的な理想はそのために虚構された「無《ニヒル》」であり、この「無を意志する」ことはそれ自身としてニヒリズムである。ミュラー＝ラウターの言い方をかりて、この第二段階を「無への意志としてのニヒリズム」[105]と呼ぶ。

このキリスト教道徳は誠実さの精神を育んだ。私心なく真理を尊ぶ徹底的な誠実さが、キリスト教道徳の美徳である。この美徳のゆえに現代は、「二千年にわたる真理への訓育」の最大の成果としての「正直な無神論」の段階に到った（『系譜』三・二七）。自己解体的な苦悩を意味づけるための偶像だった神は、誠実な強さを勝ちえた人間には不必要になったために、この第三段階で廃棄されたのである。これは「無神論のニヒリズム」と呼びうるだろう。

永遠回帰の受動的ニヒリズム

ここまでが、『道徳の系譜学』で記述されるニヒリズムの三段階である。遺稿のニヒリズム論はさらに、現在の無神論のニヒリズムを極端にしたうえで、それに対する受動的と能動的という二つの態度を段階的に区別している。神が死んだ現代では、すべてが価値と方向を失い、ただ時間だけが無駄に流れている。このような無神論のニヒリズムをたんに受動的な態度で過激化すると、つぎのような第四段階のニヒリズムになる。

> この思想をもっとも恐るべき形式で考えてみよう。生存はあるがままでは意味も目的もない。その生存が避けがたく再帰してくる、それも無へと終局することもなく。すなわち「永遠回帰」である。／これはもっとも極端なニヒリズムの形式である。すなわち、無（没意味的なもの）が永遠に！／仏教のヨーロッパ的形態。知と力のエネルギーがこのような思想を強制する。これはあらゆる可能な仮説のなかでもっとも科学的なものである。（6）

『道徳の系譜学』では、この永遠回帰のニヒリズムは表立って論じられない（かろうじて「歴史的ニヒリスト」（『系譜』三・二六）として示唆される程度である）。とはいえそれは、第三論文で検討されたキリスト教の禁欲的な誠実さを徹底するところから帰結するものである。すでに見たように［三・4］、キリスト教の禁欲主義は、厳格な方法論のもとで客観的な真理だけを禁欲的に追究する「近代科学」として継承された。近代科学は、宗教的・道徳的な目的論を排除した機械論的な因果法則によって、生物をふくむ物理的世界を記述しつくそうと試みた。この機械論的世界観をいわば無制約的に拡張したとき、物理学的な決定論が悪夢のような「科学的な仮説」として登場してくる（たとえば「ラプラスの魔」が有名）。「永遠回帰」は、この決定論を有限な宇宙に閉じこめたときに帰結するはずの最終的な仮説である。

　同じ遺稿で述べられるように、できの悪い人間はこの「永遠回帰の信仰を呪いとして感じるだろう」(14)。この「呪い（Fluch）」という言い方は、『愉しい学問』の「最大の重し」の一場面を彷彿させる。孤独な深夜に永遠回帰を教えにくるデーモンに対して、「地に身を投げ、歯がみして」、「呪詛する（verfluchen）」という有名な場面である（『愉学』三四一）。田島正樹の指摘するように[106]、ひとが永遠回帰について、たんに天を仰いで嘆くのではなく、歯がみして呪いたくなるのは、それがいわば自業自得であり、見たくなかった自画像をそこに認めるよう強いられるからである。物理世界を機械論的因果によって解釈するとき、科学者はみずからの科学的な解釈意志を因果論の枠組みから除外して、自由に観察し思考する知性であるかのような顔をして済ませている。しかし因果的説明を無制約的に普遍化するとき、その科学的意志それ自身が、因果の鎖で手足を操られる人形のような、呪わしくも戯画的な自画像になって、反射的に帰ってくることになる。

おのれの解釈意志を当の主張内容からひそかに除外するというのは、『道徳の系譜学』の第一論文におけるルサンチマンの自己欺瞞と同じ構造である。道徳的な善悪を吹聴するとき、ひとはそのイデオロギーによって道徳以前の善を奪取しようとする自己の復讐意志を隠蔽している。あるいは、第三論文における禁欲主義の分裂した論理も同様である。厳しく禁欲的におのれを律するとき、その自己規律の背後には疚しい良心における嗜虐のサディズムが隠れており、その快楽が頽廃した生を繋ぎとめている。あらゆる主張にはその超越論的制約としての解釈的な遠近法が組み込まれているという事実を隠蔽し、あたかも客観的で永遠であるかのように真理そのものを崇拝する僧侶の立場は、この禁欲主義からの派生である。デーモンが狙い撃ちするのは、科学者の態度における僧侶的な隠蔽性である。永遠回帰の思考実験は、科学的真理なるものを極大化することで、禁欲の化けの皮を剝がし、科学の陰に隠れた生に復讐するのである。

永遠回帰における自己是認

このように永遠回帰は、まずは呪わしいニヒリズムとして登場してくる。ここからどのようにして第五段階のニヒリズム、すなわちこの永遠回帰の教説の内容を保存しながらも、それを神々しいものとして祝福する「能動的ニヒリズム」(13)へと転換するのだろうか。

この転換には、『ツァラトゥストラ』の比喩でいえば、喉のなかに食いついた蛇を噛みきるような、恐るべき決断が必要になるだろう（『ツァ』三・幻影二）。すでに予想されるとおり、噛みきるべき蛇とは禁欲主義の隠蔽性であり、決断の要点はそこから開示性への転換にある。哲学者が率直に認めるところでは、世界の因果法則は私の遠近法的な認識の意志によって読み込まれたものである。つまり、あやふやな生成にたしかな存在の様式を与え、その存在者を因果で縛りつけて永遠の必然性の様相を刻印したのは、私の超越論的な解釈意志だったのである。かつて『哲学者の書』の若きニーチェは、このような解釈学的事実を承認することが「芸術の誠実さ」であると語っていた［一・1］。およそ十五年後、遺稿のニーチェはつぎのように語る。

> ある個人が、あらゆる出来事の根底にある〔……〕根本性格特性を、おのれの根本性格特性であると感じるとしよう。そのときその個人はどうしても、現存在全体のあらゆる瞬間を勝ち誇って是認したくなるだろう。肝腎なのはまさしく、この根本性格特性を自己のもとで、よいもの、価値あるものとして、喜びとともに感じることであろう。（8）

私の解釈意志の根本性格が、いわば世界へと解き放たれて、出来事の「過程《プロセス》」の客観的な法則性という形で感じとられる。このような世界では、「性格《キャラクター》をもつ者はまた、つねに回帰して訪れる典型的な体験をも有する」（『彼岸』七〇）という箴言が成り立つだろう。『ツァラトゥストラ』からも一つ引用するなら、「ただ舞い戻るだけ、結局ただ我が家へ帰るだけ――私だけの自己、長いこと異郷にあって、さまざまな事物と偶然に散らばっていた自己は」（『ツァ』三・旅人）。たとえば、ひとは自分の性格に応じて友人を選ぶから、新しい場所でも似たような友人をもつことがある。この意味でも、親友のことを「別の自己（alter ego）」と呼ぶのは当たっている。つまるところ、ひとが体験において出会いうるのは自己自身だけである。永遠回帰の試練が問うのは、私はこの自己を、それも無限に反復されることで極端に大きな文字へと拡大された自己を、是認しうるか否かということである。

ただしこの自己是認は、ひと昔まえの実存主義的な読み方で推奨されていたような、雄々しくも悲壮なものではない。そのような勇ましい「運命愛」は、じつのところ永遠回帰の不条理な無意味さに対するルサンチマンであり、その無意味さに屈することなく諦念と覚悟をもってこの人生を愛そうとする禁欲主義であろう。たしかに僧侶的な隠蔽性を脱するには誠実で潔い決断が要るが、自己是認そのものは意志的に獲得されるものではない。むしろそれは、生活のすべてが然るべく配置されて、最善の成り行きであると確信しているような、晴朗な精神状態のことである。ニーチェはそれを、あたかも人格神によってすべてが最善に設《しつら》えられたという「人格的摂理」の思想が心に迫ってくるような状態だとも語っている（『愉学』二七七）。「クロード・ロランの絵が無限に続く」ような時間だと形容したこともあった（『見よ』偶像 三）。

もちろん、生と世界がそのような完璧な状態になるには、主体のほうに世界規模の芸術的創造ともいうべき強力な理想化の働きが必要である。それゆえ永遠回帰の思想は、「ディオニュソス的」と呼ばれる芸術的「陶酔」を求めるのである。こうしてニーチェは最後に、ふたたび『悲劇の誕生』の芸術形而上学の思想圏へと回帰することになるのだが、その次第を跡づけることはもはや本書の及ぶところではない。

自律と永遠回帰

本書の課題にとって大事なのは、永遠回帰の宇宙論や形而上学を展望することではなく、より限定的に、永遠回帰の肯定的な理解が、どのようにニーチェの価値転換を領導する高貴な価値を正当化しうるのか、という問いに答えることである。

再確認するなら、キリスト教の禁欲的な誠実さが呪わしい永遠回帰をもたらすが、そこに解釈する自己の性格を認め、永遠に回帰してくる自己を祝福することによって永遠回帰が積極的に肯定される。また既述のように、ニーチェのいう高貴さの本質は、価値評価の遠近法を歴史的に継承かつ創造し、その位階秩序において自己に畏敬を抱くことにある。いいかえれば、高貴であるということで肯定されるのは、おのれの価値評価の遠近法を歴史的に自覚している生という超越論的形式である。このように見ると、能動的な永遠回帰とは、この超越論的形式の究極的な整合性を、無限の反復における自己是認についての自問自答として表現しなおすものであると私には思われる。

逆にいえば、価値評価する自己の生を隠蔽したい禁欲主義者は、永遠回帰を「呪いとして感じる」という自己否認によって、みずから「健康の観点からの力の位階秩序」の下層にあることを告白することになる（14）。永遠回帰は、読者をその思想的試練の「危機（Krisis）」（同上）において自己是認者と自己否認者へと選別し序列化することによって、生の形式における健康という観点から、新たな位階秩序を定める実験なのである。

実質的な価値ではなく、むしろ形式的な整合性を問うという点で、ニーチェの永遠回帰論はカントの「自律」の思想を継承するものであるが、それを従来の道徳とは別の方向へと徹底している。[107]カントによれば、真に自由に行為を選ぶには、その選択のための「格率（信条）」を自律的に（つまり実質的な対象に引きずられることなく）採用せねばならない。「それゆえ自律の原理とは、あなたの選択の格率が当の意志作用のうちに同時に普遍的法則として一緒に含まれているというしかたでしか選択しない、ということである」[108]（IV 440）。とはいえ、カントが格率の正当化のために訴える（間人格的な）普遍性という形式は、平均的な諸人格と肩を並べるという卑俗さと隣り合わせである。

それゆえニーチェは、その立法の普遍性を個人における良心へと孤独化して、その孤独な個人のなかでの時間的な（あるいは通人格的な）普遍性を問う。[109]ドゥルーズの定式をかりるなら、新たな定言命法は「あなたの意志することを、その永遠回帰をも意志するようにして、意志せよ」[110]である。『愉しい学問』における寓話では、永遠回帰への問いが「最大の重し」になるとされる。ここで「重し」とは天秤の分銅のことであり、つまり価値評価の基準を意味する。その「最大の」ものが、その行ないの永遠回帰を欲しうるか否か、という基準である。「なにごとについてもつねに、「おまえはこのことをもう一度、いやもっと無数の回数にわたって意志するか？」という問いが、最大の重しとなって、おまえの行ないのうえに掛かってくるだろう！」（『愉学』三四一）。

ただし時間的な普遍性といっても、なにも類型的な行為の反復を要求するのではない。一般に倫理的規範には（もちろんカントの定言命法にも）、類似の状況では類似の行為をせよという通人格的な一貫性の要請が暗に含まれている。この要請によって、個人の行なう諸行為は状況ごとの類型的行為として画一化され、いわば時間的に卑俗化されることになる。この卑俗化の要請は、ライン生産のベルトコンベアに貼りつく単純作業のように同じ状況が続くときには、ひたすら同じ類型の行為だけを反復することを強制するものになるだろう。この意味での永遠回帰は、工業的に規格化された市場経済の時代がみる悪夢のようなものにほかならない。

むしろニーチェの永遠回帰においては、「この」行為は細部にいたるまで、そのつど一回きりの個性的なものであり、その個別的な行為がそのまま永遠に反復するというのである。無限に繰り返されることで、そのときどきの様式や判断や行動は、そうでしかありえないという必然的存在の刻印を帯びる。若きニーチェが予感した類型的に等しい超歴史的なものは、ここでは永遠回帰する「同一者」になる。永遠に回帰することで、歴史におけるすべての個別的な行為が、そのまま「不変の価値と永遠に等しい意味をもつ静止した形姿」(『歴史』一) を獲得するのである [一・2]。永遠回帰の役割は、私という有限の個別者の生、その移ろいゆく個々の行ないを、超歴史的な刻印によって救済することである。

歴史を救済する

さらに、ここではわずかに示唆するにとどめざるをえないが、永遠回帰は私ひとりの生にとどまらず、人類の歴史をも救済すると考えることができる。ニーチェ的な永遠回帰の自律論は、個人的な良心における自己是認を超えて、道徳をめぐる人類的な歴史哲学の次元へと拡張しうる。

とはいえそれは、すでに通過した所与の歴史をそのまま肯定するというのではない。最強の創造的な意志は、人類の歴史をその独自の遠近法から解釈し、再構成するからである。『愉しい学問』における「隠れた歴史（Historia abscondita）」と題する断片によれば、「偉大な人はだれしも遡及的な作用力をもつ。かれのおかげで全歴史がふたたび秤に載せられ、過去の数千もの秘密がその隠れ家から這い出してくる――かれの陽光のもとへと」（『愉学』三四）。この「遡及的な作用力」のおそるべき一例が、まさしくニーチェの『道徳の系譜学』そのものであろう。ニーチェの解釈の「陽光」のもとで、人類の道徳の「隠れた歴史」が暴かれた。疚しい良心の自己嗜虐的な苦悩も、ルサンチマンの汚泥からの奴隷蜂起も、神という偶像に頼った禁欲的な自己保存も、神の死に絶望したニヒリズムも、誠実さによる道徳の自己超克も、こうして隠れ家から出て来て、批判的な評価の秤に載せられたのである。

歴史的な意志はさらに、歴史をその陽光のもとで救済する。『ツァラトゥストラ』の「救済」から引くなら、「すべての「そうであった」は断片、謎、残酷な偶然である――創造的意志がそれに向かって「しかし私がそう欲したのだ！」と語るまでは」（『ツァ』二・救済）。過去は所与の時間的堆積としては無意味である。過去の時間は、歴史的意志がその陽光のもとで解釈することで、現在の生を形成する歴史として継承される。同じく「未来の断片」も、たんに未確定な時間としては無意味であり、解釈され展望されることで将《まさ》に来たるべき歴史になる。そして、このような歴史を呪うように一度きりで見捨てるのではなく、くりかえし「そう欲する」とき、歴史が救済される。そこで救済されるのは、人類の道徳の系譜そのものであり、それを解読する系譜学者の哲学的な生でもある。永遠回帰は、人間という類型を形成する歴史と、歴史をそう解釈する人間的生というウロボロスの究極的全体を、その動態において肯定する形式である。

注

はじめに

1　カント『実践理性批判』（一七八八年）熊野純彦訳、作品社、二〇一三年、一九頁以下。
2　カント、前掲書、三〇〇頁以下。
3　この一節については、バーナード・レジンスター『生の肯定——ニーチェによるニヒリズムの克服』（二〇〇六年）岡村俊史・竹内綱史・新名隆志訳、法政大学出版局、二〇二〇年、四頁、三八五頁以下、においても検討されている。
4　遺稿　一八八八年春　一四［八九］。
5　Brief von Nietzsche an Wilhelm Vischer (-Bilfinger), Jan. 1871.（『ニーチェ全集　別巻1　ニーチェ書簡集Ⅰ』越塚敏訳、ちくま学芸文庫、一九九四年、二一四頁。）
6　Hans Vaihinger, *Nietzsche als Philosoph*, 1902; Vaihinger, *Die Philosophie des Als Ob*, 1911. 森鷗外の短編「かのやうに」（一九一二（明治四五）年）は、ファイヒンガーの『かのようにの哲学』の受容の一断面を伝えている。
7　ジル・ドゥルーズ『ニーチェと哲学』（一九六二年）足立和浩訳、国文社、一九八二年、一三三頁以下、を参照のこと。
8　たとえば、デイヴィット・オーウェン『成熟と近代——ニーチェ・ウェーバー・フーコーの系譜学』（一九九四年）（宮原浩二郎・名部圭一訳、二〇〇二年、新曜社）は、カント的な啓蒙の観点からニーチェの系譜学を考察している。
9　ゲオルク・ピヒト『ニーチェ』（一九八八年）青木隆嘉訳、法政大学出版局、一九九一年、一四頁以下、他。
10　歴史哲学的にニヒリズムを問うという視角は、すでに西谷啓治『ニヒリズム』（一九四九年）（『西谷啓治著作集　第8巻』創文社、一九八六年）が提起している。西谷の透徹したニーチェ理解には、今日なお学ぶべきところがある。
11　ニーチェの著作を初期・中期・後期に分ける三段階説は、ルー・ザロメにまで遡るものである。ただし、清水真木『岐路に立つニーチェ——二つのペシミズムの間で』（法政大学出版局、一九九九年、八頁以下、一九一頁以下）が指摘するとおり、この三段階説には問題点も多く、あくまで論述の便宜上の区別にすぎない。

第一章

12　フーコーの「系譜学」論としては、とくに次の論文が重要である。「ニーチェ、系譜学、歴史」（一九七一年）伊藤晃訳、蓮實・渡辺監修『ミシェル・フーコー思考集成 IV 規範／社会』筑摩書房、一九九九年、所収。

13 遺稿でも同様に、「われわれの価値評価〔……〕の由来への問いは〔……〕その批判と同じことではない」と注意が促される（遺稿 一八八五年秋―一八八六年秋 二［一八九］）。

14 マルティン・ハイデッガー『ニーチェI 美と永遠回帰』（一九六一年）細谷貞雄監訳、平凡社ライブラリー、一九九七年、一二三頁。この論点は、木田元『マッハとニーチェ――世紀転換期思想史』（新書館、二〇〇二年）講談社学術文庫、二〇一四年、一四頁以下、で紹介されている。

15 十九世紀の歴史主義の展開については、H・シュネーデルバッハ『ヘーゲル以後の歴史哲学――歴史主義と歴史的理性批判』（一九七四年）古東哲明訳、法政大学出版局、一九九四年、に詳しい。

16 古典文献学とそのアポリアについては次を参照のこと。西尾幹二『ニーチェ 第二部』（中央公論社、一九七七年）ちくま学芸文庫、二〇〇一年、第三章／三島憲一『ニーチェとその影――芸術と批判のあいだ』（未來社、一九九〇年）講談社学術文庫、一九九七年、第一章。

17 ニーチェ『ホメロスと古典文献学』塩屋竹男訳、『ニーチェ全集 2』ちくま学芸文庫、一九九三年、四九三頁（Nietzsche, *Werke in 3 Bdn*, ed. K. Schlechta, München: Carl Hanser Verlag, 1956, Bd. 3, p. 174）。

18 ニーチェ『ホメロスと古典文献学』前掲書、四六九頁（*Werke*, 3, p. 157）。

19 ショーペンハウアー『意志と表象としての世界 II』（第三巻・第五二節）西尾幹二訳、中央公論新社、二〇〇四年、二〇八頁以下。

20 プラトン『国家』下、藤沢令夫訳、岩波文庫、二〇〇八年、三三八頁以下。

21 G・ヴラストス「ソクラテスの論駁法《エレンコス》」田中享英訳、井上忠・山本巍編訳『ギリシア哲学の最前線 I』東京大学出版局、一九八六年、所収、を参照のこと。

22 この遺稿群は一八七二年頃に『悲劇の誕生』と対になる著作として計画されながらも、実現しなかった草稿である。かつてのニーチェ全集では『哲学者の書』として再構成されたこともあるので、ここでも『哲学者の書』と呼ぶ。

23 ニーチェ『哲学者の書』渡辺二郎訳、『ニーチェ全集 3』ちくま学芸文庫、一九九四年、二七三頁（KSA 7, 453 f.）。

24 ニーチェ『哲学者の書』前掲書、二四一頁（KSA 7, 427 f.）。

なおこの遺稿の解釈について、またひろく『哲学者の書』と『生にとっての歴史の利害』における「自然主義」の射程について、つぎの論文から多くを学んだ。齋藤直樹「ニーチェの「自然主義」――その成立過程と理論的射程をめぐって（1）」盛岡大学比較文化研究センター編『比較文化研究年報』第二四号、二〇一四年。

25　三島憲一『ニーチェ以後――思想史の呪縛を越えて』岩波書店、二〇一一年、八九頁以下、を参照のこと。
26　永遠平和論へと結実するカントの歴史哲学については、拙稿「カントの平和の歴史哲学」（東北大学大学院文学研究科　講演・出版企画委員会編『未来への遺産』東北大学出版会、二〇二〇年、所収）においても概説的に論じたところである。
27　カント『永遠平和のために／啓蒙とは何か　他3編』中山元訳、光文社古典新訳文庫、二〇〇六年、所収。
28　カント『純粋理性批判』熊野純彦訳、作品社、二〇一二年、一五頁以下。
29　この点で『歴史』におけるニーチェの問題意識は、戦後のわが国において争われた「主体性論争」と通底するところがある。この論争は、マルクス主義の唯物論の科学的真理と、革命運動への実存的献身とのあいだの空隙を問うものであった。すなわち、唯物論の歴史法則が科学的真理であるなら、共産主義革命は必然的に成就されるのであり、個々の運動家が革命のために実存的に献身する必要もないはずであるが、しかしマルクス主義は革命運動を担う道徳的使命の自覚を要求するという問題である。主体性論争の哲学的含意については、田島正樹『神学・政治論――政治哲学としての倫理学』勁草書房、二〇〇九年、八八頁以下、を参照のこと。
30　『ラ・ロシュフコー箴言集』（一六七八年（第五版））二宮フサ訳、岩波文庫、一九八九年、一六〇頁（MS 34）。
31　つぎのカウフマンの指摘が古典的である。Walter Kaufmann, *Nietzsche: Philosopher, Psychologist, Antichrist*, Princeton University Press, [4]1974 ([1]1950), ch. 6.「力への意志」の概念形成に与えたパウル・レーの影響ついては、三島憲一「レー」（大石・大貫・木前・高橋・三島編『ニーチェ事典』弘文堂、一九九五年、六七六頁以下）に指摘されている。
32　遺稿　一八七六年末――一八七七年夏　二三［六三］。
33　遺稿　一八八六年末――一八八七年春　七［二五］。
34　ヴォルフガング・ミュラー＝ラウター「内的闘争としての有機体――ヴィルヘルム・ルーのフリードリヒ・ニーチェへの影響」（一九七八年）『ニーチェ論攷』新田章訳、理想社、一九九九年、第三章、を参照せよ。
35　「自己規制」については次にも詳しい。竹田純郎「ダーウィンとニーチェ」東北大学哲学研究会編『思索』第三一号、一九九八年。
36　マックス・ヴェーバー『プロテスタンティズムの倫理と資本主義の精神』（一九二〇年）大塚久雄訳、岩波文庫、一九九一年、三六六頁。
37　ヴェーバー、同前箇所。
38　ダーウィン『種の起原』（一八五九年）八杉龍一訳、岩波文庫、（改版）一九九〇年、上巻、一五八～一五九頁、一七四頁。ダーウィンの系統図とニーチェの系譜学との対応については、清水真木『知の教科書　ニーチェ』講談社、二〇〇三年、一四九頁以下、で指摘されている。
39　このような系譜学の理解については次を参照のこと。Raymond Geuss, "Nietzsche and Genealogy," in: J. Richardson and B. Leiter (eds.), *Nietzsche*, Oxford University Press, 2001.

第二章

40　Paul Rée, *Der Ursprung der moralischen Empfindungen*, Chemnitz, 1887.
41　本書では Sittlichkeit と Moral にひとしく「道徳」の訳語をあてる。
42　マッキンタイアによれば、ニーチェの道徳批判は、ハワイのタブーを廃止したカメハメハ二世のように、道徳をヨーロッパのタブーとして暴露したものと見ることができる。アラスデア・マッキンタイア『美徳なき時代』（一九八一年）篠﨑榮訳、みすず書房、一九九三年、一三九頁。
43　カント『人倫の形而上学の基礎づけ』（一七八五年）平田俊博訳、『カント全集 7』岩波書店、二〇〇〇年、一八頁以下。
44　Der tolle Mensch の「狂人」という訳語は、森一郎訳『愉しい学問』（凡例四所掲書）に倣う。この一節には「精神に異常をきたした者のみが到達しうる高みと深さ」が読みとられるという森の見解（訳注18）に、私は賛同する。
45　G・W・F・ヘーゲル『精神現象学』上、熊野純彦訳、ちくま学芸文庫、二〇一八年、三〇八頁以下。
46　カント『永遠平和のために／啓蒙とは何か　他3編』注27所掲書、一〇頁、一三頁、を参照のこと。
47　村井則夫『ニーチェ──ツァラトゥストラの謎』中央公論新社、二〇〇八年、第五章、を参照のこと。
48　ニーチェは反ユダヤ主義を毛嫌いし、軽蔑していた。しかしそのニーチェもまた、ユダヤ人という「他なるもの」に魅せられ、過剰にユダヤ人というものを解釈してしまったことは否めない。ニーチェは「ユダヤ人」という「深い謎」のなかに自画像をえがきこんで、それを読みとったのである。ニーチェとユダヤ人の問題については、イルミヤフ・ヨベル『深い謎──ヘーゲル、ニーチェとユダヤ人』（一九九八年）青木隆嘉訳、法政大学出版局、二〇〇二年、を参照のこと。
49　プラトン『国家』上、藤沢令夫訳、岩波文庫、二〇〇九年、一四三頁。
50　「ゲームのルール」の変更という読み方は、永井均『〈魂〉に対する態度』勁草書房、一九九一年、七〇頁、による。後段の「いじめられっ子」の例も同書による。
51　以下の第3節と第4節は、国際研究会「Nietzsche's Thought and Reception in Europe and Japan／ヨーロッパと日本におけるニーチェの思想と受容」（二〇一八年、東北大学）における口頭発表「ニーチェとルサンチマンの問題──道徳、自己欺瞞、偽善」に拠るところがある。主催者のエンリコ・フォンガロ氏をはじめ、その場でご示唆をいただいた方々に感謝したい。

52 『シェーラー著作集 4 価値の転倒（上）』林田新二・新畑耕作訳、一九七七年、所収。
53 ルサンチマンの例に「狐と葡萄」をあげるのはシェーラーに由来する（前掲書、九五頁以下）。近年では、ヤン・エルスター『酸っぱい葡萄――合理性の転覆について』（一九八三年）（玉手慎太郎訳、勁草書房、二〇一八年）が「適応的選好形成」の典型例として用いている。
54 Bernard Reginster, "Nietzsche on Ressentiment and Valuation", in *Philosophy and Phenomenological Research*, vol. 57 (2), 1997, pp. 281–305.
55 以下の道徳の戦略的な有効性の疑義、および戦略性と内面化との相克については、つぎを参照のこと。R. Jay Wallace, "Ressentiment, Value, and Self-Vindication: Making Sense of Nietzsche's Slave Revolt", in B. Leiter & N. Sinhababu (eds.), *Nietzsche and Morality*, Oxford University Press, 2007, pp. 112–114.
56 Rüdiger Bittner, "Ressentiment", in R. Schacht (ed.), *Nietzsche, Genealogy, Morality: Essays on Nietzsche's* On the Genealogy of Morals, University of California Press, 1994, pp. 133 ff.: Wallace, "Ressentiment, Value, and Self-Vindication", pp. 118–120. ここから次項までの論述は、ウォレスの「表現解釈（Expressive Interpretation）」に負うところが多い。
57 これはWallace, "Ressentiment, Value, and Self-Vindication", pp. 123 f. の提案である。
58 ジョージ・オーウェルの『一九八四年』（一九四九年）には、畳みかけるようなニーチェの筆致を思わせる一節もある。「心が〈二重思考〉の迷宮へとさまよいこんでいく。知っていて、かつ知らないでいること――入念に組み立てられた嘘を告げながら、どこまでも真実であると認めること――打ち消し合う二つの意見を同時に奉じ、その二つが矛盾することを知りながら、両方とも正しいと信ずること〔……〕――道徳性を否認する一方で、自分には道徳性があると主張すること〔……〕――忘れなければいけないことは何であれ忘れ、そのうえで必要になればそれを記憶に引き戻し、そしてまた直ちにそれを忘れること、とりわけこの忘却・想起・忘却というプロセスをこのプロセス自体に適用すること（これこそ究極の曰く言いがたいデリケートな操作）――意識的に無意識状態になり、それから、自ら行なったばかりのその催眠行為を意識しなくなること。」（高橋和久訳、早川書房、二〇〇九年、五六頁以下）。
59 ペルナーの解釈は以下の二論文による。Peter Poellner, "Ressentiment and Morality", in: S. May (ed.), *Nietzsche's On The Genealogy of Morality: A Critical Guide*, Cambridge University Press, 2011, pp. 120–141; Poellner, "Ressentiment and the Possibility of Intentional Self-Deception", in M. Dries and P. J. E. Kail (eds.), *Nietzsche on Mind and Nature*, Oxford University Press, 2015, pp. 189–211.
60 Poellner, "Ressentiment and Morality", pp. 131 ff.; "Ressentiment and the Possibility of Intentional Self-Deception", pp. 204 f. この区別についての最近の文献として、ダン・ザハヴィ『自己意識と他性――現象学的探究』（一九九九年）（中村拓也訳、法政大学出版局、二〇一七年）の第四章、第六章が参照されている。なお、次項の「分離の方法の意図的な拒否」という論点もペルナーによる。

61　これはつぎの箇所でペルナー自身も認めている。Poellner, "Ressentiment and the Possibility of Intentional Self-Deception", p. 202, n. 7.

62　Brian Leiter, *Nietzsche on Morality*, 2 ed., Routledge, 2015, pp. 38–40.

63　加来彰俊訳、『プラトン全集　9　ゴルギアス　メノン』岩波書店、一九七四年、一一二頁以下。

64　Plato, *Gorgias. A Revised Text with Introduction and Commentary*, by E. R. Dodds, Oxford University Press, 1959, pp. 387–391.

65　プラトン『国家』上、前掲書、一一九頁以下。

66　『プラトン全集　9　ゴルギアス　メノン』前掲書、五六頁。

67　水地宗明訳、『プラトン全集　2　クラテュロス　テアイテトス』岩波書店、一九七四年、一三六頁。

第三章

68　ジル・ドゥルーズ『ニーチェと哲学』足立和浩訳、国文社、一九八二年、一三二頁。

69　Brief von Nietzsche an Franz Overbeck, 4. Jan. 1888. なおオーヴァーベックとの書簡は Friedrich Nietzsche / Franz und Ida Overbeck, *Briefwechsel*, ed. K. Meyer / B. v. Reibnitz, Stuttgart / Weimar: Metzler, 2000 に纏められている。また、この葉書はつぎのリッセの論文でも引用されている。Mathias Risse, "The Second Treatise in *On the Genealogy of Morality*: Nietzsche on the Origin of the Bad Conscience", in: *European Journal of Philosophy*, 9 (1), 2001, p. 55.

70　「局所反応的な罪」と「実存的な罪」という対比はつぎのリッセに倣う。Mathias Risse, "On God and Guilt: A Reply to Aaron Ridley", *Journal of Nietzsche Studies*, No. 29, 2005, pp. 46–53.

71　カント『実践理性批判』熊野純彦訳、作品社、二〇一三年、一九六頁以下。また、ヘンリー・E・アリソン『カントの自由論』（一九九〇年）城戸淳訳、法政大学出版局、二〇一七年、二三四頁以下、を参照のこと。

72　カント、前掲書、二一六頁。

73　このような楽観的な自己是認は、現代の人々にひろく浸透した感情であるように思われる。奇妙な例かもしれないが、昨今では医療倫理やビジネス倫理などの、さまざまな倫理学が流行している。それらはある意味では、宗教や伝統から独立した新たな人間の倫理を確立しうるという自負心の発露であり、その強化回路であることだろう。もちろん、ほんらい徹底的に理解するなら、そのような自己是認と昂揚には謙抑とその痛みがともなうはずである。その痛みが回避されるのは、軽蔑をおのれの人間本性に向けるかわりに、もっぱら他者の悪い行為に対して向けているからであろう。このように、道徳的な自負心を抱き、道徳的な不正の糾弾には負の感情を爆発させながらも、道徳性から逸脱するような人間本性そのものを肯定してみせるのが、現代人の曖昧で複雑な心性であるといえるかもしれない。

74 第二節の超道徳的な個人をニーチェの理想像と見なさない読み方については次を参照のこと。Lawrence J. Hatab, *Nietzsche's On the Genealogy of Morality: An Introduction*, Cambridge University Press, 2008, pp. 75–82.

75 ホルクハイマー／アドルノ『啓蒙の弁証法――哲学的断想』（一九四七年）（徳永恂訳、岩波文庫、二〇〇七年、第Ⅱ章）は、ホメロスの『オデュッセイア』に啓蒙的理性の原歴史を読みとっている。

76 Risse, "The Second Treatise in *On the Genealogy of Morality*", p. 58.

77 Christopher Janaway, *Beyond Selflessness: Reading Nietzsche's* Genealogy, Oxford University Press, 2007, pp. 133–136.

78 この点もJanaway, op. cit., p. 137の指摘による。

79 フロイトのニーチェに対する態度については、ヨアヒム・ケーラー『ニーチェ伝――ツァラトゥストラの秘密』（一九九二年）五郎丸仁美訳、青土社、二〇〇九年、五一八頁以下、に論じられている。ケーラーはとくに『トーテムとタブー』にニーチェの痕跡を読みとっている。また、木前利秋「フロイト」『ニーチェ事典』注31所掲書、五六二頁以下、にも詳しい。

80 家高洋・三谷研爾訳、『フロイト全集 18』岩波書店、二〇〇七年、一二二頁（訳文は論述にあわせて修正した）。

81 フロイト『文化の中の居心地悪さ』第七節、嶺秀樹・高田珠樹訳、『フロイト全集 20』岩波書店、二〇一一年、一三六頁以下。

82 『道徳の系譜学』と『文化のなかの居心地の悪さ』との類似性については、Scott Greer, "Freud's "Bad Conscience": The Case of Nietzsche's *Genealogy*", *Journal of History of the Behavioral Sciences*, vol. 38 (3), 2002, pp. 303–315を参照のこと。

83 この整理はつぎのライターに倣った。Brian Leiter, *Nietzsche on Morality*, 2 ed., Routledge, 2015, pp. 205–210.

84 禁欲における引き裂かれた意志については、W・ミュラー－ラウター『ニーチェ・矛盾の哲学』（一九七一年）秋山英夫・木戸三良訳、以文社、一九八三年、八一頁以下、を参照のこと。

85 須藤訓任『ニーチェの歴史思想――物語・発生史・系譜学』（大阪大学出版会、二〇一一年）の第四章は、このような〈道徳批判の系譜学〉の問題圏を「認識者の系譜学」という観点から考察している。同書の補論4ではさらに、歴史をめぐって「ヘーゲルとニーチェ」が対比される。ヘーゲルの歴史哲学との関連性は、ゲオルク・ピヒト『ニーチェ』青木隆嘉訳、法政大学出版局、一九九一年、五九頁、一五八頁以下ほか、においても強調されている。

第四章

86 ライターは「より高い人間」の特徴を手際よく整理して、旧来の道徳と比較している。Brian Leiter, *Nietzsche on Morality*, 2 ed., Routledge, 2015, pp. 92 ff.

87 つぎのフットによれば、ニーチェ的な価値は、ひろく人々から賞賛される疑似美学的な価値として、間主観的な妥当性を有する。フィリッパ・フット「ニーチェ——価値の再評価」（一九七三年）、加藤尚武・児玉聡編・監訳『徳倫理学基本論文集』勁草書房、二〇一五年、所収。しかし貴族を憎悪するルサンチマンの徒は、この見解を是認しないだろうと思われる。

88 プラトン『国家』上、藤沢令夫訳、岩波文庫、二〇〇九年、三七〇頁以下。

89 アリストテレス『形而上学』第四巻第六章、出隆訳『アリストテレス全集 12』岩波書店、一九六八年、一一二頁。

90 正気と狂気の例は、ルネ・デカルト『省察』（一六四一年）山田弘明訳、ちくま学芸文庫、二〇〇六年、三六頁、による。第一省察のデカルトは、古来の「夢の懐疑」の論法を徹底し、おのれの正気という自明性の足場を掘り崩すにいたった。ニーチェに先駆けて、すでにデカルト的な理性は、おのれの狂気の可能性を覚悟することによってのみ正気でありうるのである。

91 藤沢令夫訳、『プラトン全集 9 ゴルギアス メノン』前掲書、二七六頁。

92 日本語で読めるものでは、レジンスター『生の肯定——ニーチェによるニヒリズムの克服』（注3所掲書）の第二章と第四章第1節がニーチェのメタ倫理学を検討している。

93 近年の代表的な解釈として、つぎのシャハトがあげられる。Richard Schacht, *Nietzsche*, Routledge, 1983, ch. 4.

94 力の感情が解釈のパースペクティヴに依存するという点は以下を参照のこと。David Owen, *Nietzsche's Genealogy of Morality*, Acumen, 2007, pp. 34 f.

95 晩年の遺稿と著作の経緯については、西尾幹二の「解説」（『ニーチェ全集』第Ⅱ期第四巻、白水社、一九八七年）が参考になる。

96 三島憲一「ニーチェ」、『現代思想の冒険者たち 00 現代思想の源流——マルクス ニーチェ フロイト フッサール』講談社、一九九六年、一二九頁以下、を参照のこと。

97 Leiter, *Nietzsche on Morality*, ch. 4. ライターの解釈については、岡村俊史「自然主義者としてのニーチェ——ブライアン・ライターのメタ倫理学的ニーチェ解釈」（『ショーペンハウアー研究』別巻第2号、二〇〇九年）や、新名隆志「「すべての価値の価値転換」に合理的根拠はないのか——ブライアン・ライターのニーチェ解釈の批判」（『鹿児島大学教育学部研究紀要 人文・社会科学編』第七〇巻、二〇一九年）などで紹介・検討されている。

98 『アリストテレス全集13 ニコマコス倫理学』加藤信朗訳、岩波書店、一九七三年、四～五頁。

99 田島正樹『ニーチェの遠近法』（一九九六年、青弓社）の第2章「観点と遠近法」は、生の価値をめぐる超越論的な問題構造について、貴重な洞察を豊かに語っている。私はかつてこの田島のニーチェ書をくりかえし読んで多くを学んだが（その痕跡は明白であろう）、とはいえ以下の論述は直接には私のカント理解に立脚するものである。

100 カント『純粋理性批判』熊野純彦訳、作品社、二〇一二年、六〇頁。

101 さきほどカントの「超越論的」を参照したので、ここでその余談として、ニーチェの道徳批判とカントの『純粋理性批判』の理論構成とのアナロジーを手短に付言しておこう。ニーチェ的な哲学者は、価値は解釈的な生の遠近法によって超越論的に制約され、それゆえ価値の現象は観念的である、と認める超越論的観念論者である。それに対して道徳的な僧侶は、道徳的な価値は人間の解釈に依存しない絶対的な実在性を有する、と主張する超越論的実在論者である。ちなみに、道徳的価値は絶対的に実在すると信ずるがゆえに、その信仰を裏切られて絶望に陥るのがニヒリズムであるが、これはカントの経験的観念論に相当するであろう。

102 「偏屈者」という言い方は、田島正樹「偏屈者たちのニーチェ」（『KAWADE 道の手帖 ニーチェ入門 悦ばしき哲学』河出書房新社、二〇一〇年）に倣ったものである。

103 このような解釈視角は、近年のニーチェ研究でしばしば強調される。注8のオーウェンを参照のこと。

104 遺稿 一八八六年夏―一八八七年秋 五［七一］。執筆地にちなんで「レンツァーハイデ草稿」とも呼ばれる。いわゆる『力への意志』では、この遺稿は四つの断章に裂かれて、異なった場所に置かれている。

105 W・ミュラー＝ラウター『ニーチェ・矛盾の哲学』秋山・木戸訳、以文社、一九八三年、第三章。

106 田島正樹『ニーチェの遠近法』前掲書、二〇四頁以下、を参照のこと。

107 自律と永遠回帰を重ねるのは珍しい解釈ではない。たとえば、オーウェン『成熟と近代――ニーチェ・ウェーバー・フーコーの系譜学』（注8所掲書、一一八頁以下）でも、自律と永遠回帰が比較検討されている。ちなみにベイナーは、ニーチェの永遠回帰をアーレントの「判断力」（これはもちろんカント由来の概念である）に繋げて読む解釈を示しており、興味ぶかい。ハンナ・アーレント著／ロナルド・ベイナー編『カント政治哲学の講義』（一九八二年）浜田義文監訳、法政大学出版局、一九八七年、二一八頁以下。

108 カント『人倫の形而上学の基礎づけ』平田俊博訳、『カント全集7』岩波書店、二〇〇〇年、八二頁。

109 ふるくはゲオルク・ジンメル『ショーペンハウアーとニーチェ』（一九〇七年）（吉村博次訳、白水社、一九七五年、二九一頁以下）が、永遠回帰をカント的な定言命法の時間化として捉える倫理的解釈を示している。わが国では、阿部次郎『ニイチエのツァラツストラ――解釈並びに批評』（一九一九年、新潮社）がこの解釈を世に広めた。ただしジンメルと阿部においては、人類愛的な理想主義に流れるあまり、カント的な卑俗さの克服というニーチェの課題が疎かになっている。

110　ドゥルーズ『ニーチェと哲学』足立和浩訳、国文社、一九八二年、一〇四頁。

あとがき

私がはじめてニーチェにとりくんだのは卒業論文であったから、もう四半世紀も前のことである。とはいえ、そのまま大学院でニーチェを研究課題とすることには行き詰まりのようなものを感じたので、修士論文では思い切ってカントに鞍替えした。ニーチェにおいてグロテスクに表現された洞察の、その哲学的な源流をカント哲学に探ってみようというつもりだった。

その後、現在にいたるまでカント研究をつづけるあいだ、ときにニーチェを読みかえすこともあったが、しかしそのニーチェのある側面は、カントのまえで色褪せて見えるようになった。卒業論文のころはハイデガーの『ニーチェ』書を手引きにして、ニーチェの後期の遺稿群をあれこれと読んでいたものだが、次第に、そこで展開される認識論や形而上学の一部がいささか幼稚なものに感じられるようになったのである。卒論のときには哲学的な夢を見ていたようなものだと反省したこともある。

逆にいっそう輝きを増したように感じられる側面もあった。詩情あふれる、しかし堅牢な論理で書かれたアフォリズムの魅力は、そのひとつである（本書で論じる機会がなかったのは残念）。もうひとつが、本書でとりあげた道徳批判の課題にまつわる著作や断章である。『偶像の黄昏』

や『アンチクリスト』などの最晩年の著作もそうだが、なにより『道徳の系譜学』をあらためて読みかえしたとき、人間の魂をその奥底から腑分けするようなニーチェの分析に身震いした。本書で『道徳の系譜学』を主題的にとりあげたのは、戦慄すべき道徳性の分析家としてのニーチェを世に問うことに、独自の意義があると思ったからである。

それにニーチェの道徳批判については、もちろんルサンチマンや価値転換などの鍵概念はひろく知られているものの、その分析の哲学的な理路をくわしく読み解いた研究書は意外に少ないように見受けられた。この課題にこたえるべく、本書はいくらか面倒な分析や、こみいった論述を含むことになったが、どうぞご容赦いただきたい。

ニーチェの道徳批判は、カント研究者として甲羅を経るうちに固定観念となった私の物の見方や考え方を破壊するものであった。しかしまた、ニーチェの方法論的核心にはカント的な超越論哲学の伝統があるはずだという卒論や修論のころの予感は、いつしか私の確信のようなものになっていた。もちろん本書もその確信のもとに書いた。それはあるいは、カント研究という葦の髄から覗いた、ひどく偏って歪《いびつ》なニーチェの読み方にすぎないのかもしれない。それはもう私には判別がつかない。ここで本書にいたるまでの私の乏しい歩みにあえて触れたのは、『この人を見よ』の流儀で「四・2」、いかにして本書の解釈視角が私にとって必然的なものになったかを、読者に弁明するためである。

私はいわゆるニーチェ研究者ではなく、世界的に展開されているニーチェ研究はおろか、わが国の研究の動向さえも追いかけていない。もちろん本書はこれまでのニーチェの邦訳や研究の蓄積のうえにかろうじて成り立つものであるが、専門的なニーチェ研究としては整備が行き届いていないことを自覚している。本書はただ、私なりのカントを経由したニーチェの読み方を、それも遅ればせに訪れた戦慄の体験にできるだけ忠実に、書きとめたにすぎない。

本書の研究は、五年ほど前にこの叢書「極限の思想」の編者である熊野純彦先生から、叢書のニーチェの巻を担当しないかという打診のメールを頂戴したところから始まった。私にはそれは、いまこそ卒論で挫折したニーチェにふたたび立ち帰って、おのれを確かめるときだと、遠くから呼ぶ声のように聞こえた。いずれはまたニーチェに、と漠然と思ってはいたが、この呼ぶ声こそが好機とみずから心に決めて、あらためてニーチェ全集を繙く日々が始まった。結果として本書では、二十数年の回り道は無駄ではなかったと、納得できるような数ページを書くこともできたように思う。熊野先生には、長年のご指導をふくめて、あつく御礼を申し上げたい。

本書の草稿は、齋藤直樹氏、宮﨑裕助氏、中野裕考氏に読んでもらい、コメントを頂戴した。うまく改稿できなかったところもあるが、貴重な批判や示唆の数々にあらためて感謝したい。

その後の二〇二〇年度前期の講義（東北大学）は、大部分、本書の校正刷りをもとに話した。コロナ禍によって突然に始まった初の遠隔授業で、もどかしいものだったが、学生諸君から寄せられた質問や批評をゲラの赤字に反映することができた箇所もある。

執筆から校正にかけては、編集者の上田哲之氏、今岡雅依子氏にきめ細かくお世話になった。記して謝意を申し添えたい。

本書を山田仁史（一九七二～二〇二一）の思い出に捧げる。

二〇二一年五月

城戸　淳

城戸 淳（きど・あつし）

一九七二年生まれ。東北大学大学院文学研究科博士課程退学。東北大学大学院文学研究科准教授。博士（文学）。専門は西洋近代哲学史。著書に『理性の深淵――カント超越論的弁証論の研究』（知泉書館）、訳書にヘンリー・E・アリソン『カントの自由論』（法政大学出版局）ほか。

le livre

極限の思想

ニーチェ 道徳批判《どうとくひはん》の哲学《てつがく》

二〇二一年一一月 九日 第一刷発行

著者 城戸《きど》 淳《あつし》

発行者 鈴木章一

発行所 株式会社 講談社

東京都文京区音羽二丁目一二―二一 〒一一二―八〇〇一

電話（編集）〇三―三九四五―四九六三

（販売）〇三―五三九五―四四一五

（業務）〇三―五三九五―三六一五

KODANSHA

装幀者 森 裕昌

本文データ制作 講談社デジタル製作

本文印刷 豊国印刷株式会社

カバー・表紙印刷 半七写真印刷工業株式会社

製本所 大口製本印刷株式会社

ISBN978-4-06-523949-0 Printed in Japan N.D.C.100 240p 19cm

世界樹

もとは北欧神話に出てくる世界を支える樹。
宇宙樹ともいう。
世界の中心に幹を伸ばし、枝葉は世界を覆う。
根は三本あり、それぞれ人間界、巨人界、冥界に伸びている。
根のそばの泉で神々が毎日集い、様々なことを協議し、審判を下す。
生と叡智、思惟の象徴。

le livre

フランス語で「本」を意味する《livre》に定冠詞《le》をつけた
「ル・リーヴル」は、講談社選書メチエの中に新たに設けられた
特装版シリーズです。従来の講談社選書メチエの枠を超える形式
やテーマを試みたり、物質としての本の可能性を探ったりします。
今あらためて「本というもの」を問い直すために――。

講談社選書メチエの再出発に際して

講談社選書メチエの創刊は冷戦終結後まもない一九九四年のことである。長く続いた東西対立の終わりはついに世界に平和をもたらすかに思われたが、その期待はすぐに裏切られた。超大国による新たな戦争、吹き荒れる民族主義の嵐……世界は向かうべき道を見失った。そのような時代の中で、書物のもたらす知識が一人一人の指針となることを願って、本選書は刊行された。

それから二五年、世界はさらに大きく変わった。特に知識をめぐる環境は世界史的な変化をこうむったとすら言える。インターネットによる情報化革命は、知識の徹底的な民主化を推し進めた。誰もがどこでも自由に知識を入手でき、自由に知識を発信できる。それは、冷戦終結後に抱いた期待を裏切られた私たちのもとに差した一条の光明でもあった。

その光明は今も消え去ってはいない。しかし、私たちは同時に、知識の民主化が知識の失墜をも生み出すという逆説を生きている。堅く揺るぎない知識も消費されるだけの不確かな情報に埋もれることを余儀なくされ、不確かな情報が人々の憎悪をかき立てる時代が今、訪れている。

この不確かな時代、不確かさが憎悪を生み出す時代にあって必要なのは、一人一人が堅く揺るぎない知識を得、生きていくための道標を得ることである。

フランス語の「メチエ」という言葉は、人が生きていくために必要とする職、経験によって身につけられる技術を意味する。選書メチエは、読者が磨き上げられた経験のもとに紡ぎ出される思索に触れ、生きるための技術と知識を手に入れる機会を提供することを目指している。万人にそのような機会が提供されたとき初めて、知識は真に民主化され、憎悪を乗り越える平和への道が拓けると私たちは固く信ずる。

この宣言をもって、講談社選書メチエ再出発の辞とするものである。

二〇一九年二月　　野間省伸

近代性の構造　今村仁司
身体の零度　三浦雅士
近代日本の陽明学　小島　毅
未完のレーニン　白井　聡
経済倫理＝あなたは、なに主義？　橋本　努
ヨーガの思想　山下博司
パロール・ドネ　C・レヴィ＝ストロース　中沢新一訳
ブルデュー　闘う知識人　加藤晴久
熊楠の星の時間　中沢新一
来たるべき内部観測　松野孝一郎
アメリカ　異形の制度空間　西谷　修
絶滅の地球誌　澤野雅樹
共同体のかたち　菅　香子
三つの革命　佐藤嘉幸・廣瀬　純
なぜ世界は存在しないのか　マルクス・ガブリエル　清水一浩訳
「東洋」哲学の根本問題　斎藤慶典
言葉の魂の哲学　古田徹也

実在とは何か　ジョルジョ・アガンベン　上村忠男訳
創造の星　渡辺哲夫
なぜ私は一続きの私であるのか　兼本浩祐
いつもそばには本があった。　國分功一郎・互　盛央
創造と狂気の歴史　松本卓也
「私」は脳ではない　マルクス・ガブリエル　姫田多佳子訳
西田幾多郎の哲学＝絶対無の場所とは何か　中村　昇
名前の哲学　村岡晋一
「心の哲学」批判序説　佐藤義之
贈与の系譜学　湯浅博雄
「人間以後」の哲学　篠原雅武
ドゥルーズとガタリの『哲学とは何か』を精読する　近藤和敬
自由意志の向こう側　木島泰三
自然の哲学史　米虫正巳
夢と虹の存在論　松田　毅